KB234916

"함께 꾸는 꿈은 현실이 됩니다."

원순 씨를 부.탁.해.

원순 씨를 부.탁.해.

박철웅 지음

봄풀

풀들에게도 희망을

세상에 쌓아둔 돈과 명예라는 것들은
허황된 시기와 질투의 탑이라는 것을 확인하고 말았다.
오욕과 싸우면서 세상의 아름다운 사랑을 이루려는
한 애벌레의 몸짓을 그냥 지나칠 수 없었다.
함께 걷고, 기고, 달리고 멈추어 울다 다시 뛰었던 33일간……
마침내 저 하늘 위를 날아 오르는 한 마리 나비를 보았다.
들판에 저마다의 모습으로 방긋방긋 피어 있는
꽃들에게 희망이 되는 한 마리의 나비.
하지만 나비의 날갯짓은 꽃들에게뿐 아니라
바람이 불면 일제히 몸을 눕히는,
그랬다가 다시 일어서는 풀들에게도 희망이었다.
바람 부는 대로 이리저리 흔들릴지라도,
자신의 땅을 여린 뿌리로 움켜쥐고 버티는 풀들에게도
한때 애벌레였던 나비는 희망이 되었다.

이 책은 그 짧고도 긴 여정에 들판의 진짜 주인공인
풀들이 보여주었던 몸짓과 노래와, 그리고 마침내
나비와 함께 이룬 군무의 기록이다. 희망을, 기쁨을,
아픔을, 노력을 함께 나누고 싶다.

노래 '꽃들에게 희망을' 변용

"정치란 말하자면 자본주의가 노동자를 농락하는 동안 정부는 계속해서 잠만 자고 있고, 국민은 완전히 무시당하고, 미래는 똥으로 완전 뒤범벅이 되는 거예요."

– 이동진의 《위트상식사전》 중

정치란 무엇일까? 생각하면 끔찍해서 나도 모르게 고개를 흔들었던 시절도 있었다. 그것은 그냥 '그들이' 하는 이해할 수 없는 밀고 당기기이며, 나와는 상관 없는 '저쪽에서' 하는 일종의 파렴치한 정신노동이라고 생각했다. 어쩌면 그렇게 자조하면서 정치에 직접 뛰어든 사람도 있을 것이다.

그랬던 내게 정말 벼락같이 바람같이 어떤 기회가 왔다. 도저히 외면할 수 없었다. 뿌리칠 수 없었다. 정치는 여전히 내게 어질머리였다. 하지만 그 소용돌이 속을 끝까지 지켜보는 '눈'도 필요한 것 아닌가!

불과 1년 전만 해도 내 인생의 목표는 까만 승용차 뒷자리에서 한껏 거드름을 피우며 신문을 들추어대거나, 전화로 업무를 지시하며 출근하는 최고 경영자가 되는 것이었다. 그러다가 일신상의 문제로 남들보다 조금은 일찍 시작된 인생 2막의 설계 단계에 느닷 없는 손님이 마음속으로 들어오고 말았다. 원순 씨……. 그는 내 삶에 커다란 소용돌이의 시작을 만들어놓고는 또 다른 꿈을 꾸고 있다.

내가 원순 씨를 만나 인생의 궤도를 바꾼 것은 어쩔 수 없는 두 갈래 갈림길에서 '그래 결심했어' 식의 양자택일이 아니었다.

면과 면은 서로 맞대어 선을 만든다. 그 면적도 없는 선에 기댄 면들의 팽팽한 긴장은 서로 균형을 이룬다. 경계가 있다는 것은 균형을 이루고 있다는 명징이기도 한 것이다.

지난 2011년 10월 26일 서울시장 보궐선거에서는 경계에 서서 대치하고 있는 면과 면을 넘나드는 한 사람이 있었다. 이쪽도 저쪽도 아닌, 경계에 서 있던 한 사람. 어쩌면 그는 면과 면의 유일한 소통자였을지 모른다. 나는 그 사람을 쳐다보기로 했다. 그가 바로 서울시장 보궐선거 '무소속' 후보 원순 씨였다.

정치는, 특히 선거라는 정치 이벤트는 모든 시선을 둘로 갈라놓는다. 초등학교 시절 치기 어린 짝과의 영토 전쟁으로 그어놓은 책상 위 줄처럼 사람과 행동과 생각을 둘로 나누어 이야기한다. 사람은 니편과 내편으로, 정치인과 일반인으로, 행동은 보편적인 복지와 선별적인 시혜로(서울시장 보궐선거에서), 이념은 진보와 보수로, 자유민주주의와 사회민주주의로 설정되어 선을 그어놓는다. 의도적이고 고집스럽게 이 세상을 둘로 갈라놓는 모습에서 경계에 선 우리는 정치에 대한 염증을 느끼게 된다.

하지만 세상살이를 늘 둘로 나누거나 대치되는 현상만으로 이야기할 수는 없다. 모든 이분법적 사고의 뒷면에는 그처럼 정확히 나누어지지 않는 경계 위에 있는 것들이 있기 때문이다. 정치판에서는 그 위태로운 경계에 생각보다 많은 사람들의 생각이 있음을 일부러 간과하거나 무시하거나, 무시하려 하는 것 같기도 하다. 때문에 경계에 서 있는 것은 종종 양쪽으로부터 매도당하며 아주 위태로운 상황에 처하기도 한다.

일반적으로 경계라는 것은 대치적 상황에 대한 균형을 이야기하는 것일 수 있지만, 사람이 살아가는 세상의 모습에서는 이도저도 아닌 주변적 존재의 소외감을 이야기하는 것일 수도 있다. 대의보다 기본적 감성에 충실하기 마련인 인간에게 정치는, 시대담론이라는 거대한 과대망상을 받쳐주고 있는, 소소하지만 소중한 일상의 바람을 실현하는 것이기도 하기 때문이다.

둘 중 하나를 선택하는 것은 생각보다 쉽다. 동등한 기회와 동등한 위험을 안고 있기에 무수한 개연성과 가능성을 따져보지 않고도 선택할 수 있다. 그러나 달리 보면 둘 중 하나를 선택하는 것만큼 어렵고 두려운 일은 없다. 선택해야 하는 두 가지 모두가 내 것이 아니라고 생각될 때는 더욱 그렇다.

니편과 내편, 성공 아니면 실패, 선과 악 등 우리는 살면서 너무나도 많은 양자택일을 강요받는다. 사용자와 노동자, 정규직과 비정규직, 부유층과 서민, 왼쪽과 오른쪽, 왼쪽 중에서도 민중이니 민족이니 나누고, 오른쪽에 있는 자들도 친이니 친박이니 하고 나누며 선을 긋는다. 둘 다 아니라고 하면 서로 반대편으로 몰아붙인다.

책상에 그어놓은 선처럼 둘로 나눌 수 있는 게 세상에 과연 얼마나 될까? 경계에 서 있는 사람들에게 박쥐, 회색분자라 손가락질하기보다 자신이 서 있는 마음 속의 경계를 허물어 보이는 행동, 이것을 알게 해준 것이 지난 서울시장 보궐선거였고 원순 씨였다.

누군가 말했다. "정치란 먹물 속의 진주를 건져 올리는 것"이라고. 그렇다면 손에 먹물이 묻는 것을 저어하지 않고 과감하게 손을 집어넣는 사람이 정치인인 걸까? 먹물 속의 진주를 바라보며 발만 동동 구르는 보통 사람들은?

정치는 이처럼 경계에 서 있는 보통 사람들의 삶과도 긴밀하게 연결되어 있다. 나는 아주 자연스럽게 서울시장 보궐선거에 '자원봉사자'로 뛰어들어 원순 씨의 일거수일투족을 가까이서 지켜볼 수 있었다. 그리고 살아가면서 품었던 정치와 관련된 수많은 의문들에 대한 답을 깨우

침처럼 얻기도 했다. 물론 여전히 풀리지 않은 의문으로 남아 있는 것도 있다. 그것까지도 소중한 경험이다. 때문에 이번 서울시장 보궐선거는 선거 캠프의 담당자나 정치 전문가가 아닌 일반 시민, 보통 사람의 관찰과 참여의 시선으로 함께 나누는 것이 훨씬 더 의미가 있지 않을까 생각한다.

나는 그가 여전히 우리와 같은 경계에 서 있다고 생각한다. 그 모습에 불편해 하는 사람도 있으리라. 하지만 그가 서 있는 경계가 생각보다 넓은 면적의 공간임을 나는 알고 있다. 그래서 원순 씨가 그 경계에 더 머물러 주었으면 한다. 어느 정치세력의 시장이 아닌 나의 시장님, 우리의 시장님, 일반 시민의 시장님으로…….

박철웅

내일을 바꾸는 첫번째 시장!
10
박원순 
원순씨 ! 서울을부탁해

돌이켜 보면 꿈 같은 일이었습니다. 백두대간 종주 중에 서울시장 선거 출마를 결심하고 한 달여의 준비를 통해 선거를 치렀습니다. 그리고 서울시장에 당선되어 취임을 하고 지금입니다. 숨가쁜 시간이었고 굽이굽이 어려움도 많았던 길고 긴 길 같았는데 돌아보니 하룻밤 꿈과도 같습니다. 그리고 그 함께 꾸었던 꿈이 현실이 되었습니다.

"함께 꾸는 꿈은 현실이 됩니다."

이 말을 자주 되뇌이게 됩니다. 그렇습니다. 저는 혼자, 또는 일부 세력의 힘으로 특정계층을 위한 꿈을 꾸지도, 이루지도 않았습니다. 등록금 걱정을 하는 대학생들의 바람으로, 후세에게 보다 좋은 세상을 물려주고 싶은 부모님, 할아버지, 할머니의 소망으로 함께 꿈을 꾸었습니다. 야권 정당이 모두 모여 한 목소리를 내었고, 시민단체들이 현실정치를 위해 머리를 맞대고 함께 고민하였습니다. 그리고 무엇보다 바로 여러분, 소중한 시민 여러분의 적극적인 참여가 있었습니다.

"시민이 시장입니다."

그렇습니다. 이번 선거의 주인공은 저 박원순이 아니었지요. 저와 내내 함께한 시민 여러분이었습니다.

선거 기간 동안 저와 동행해 주었던 팬클럽 '박원순과 함께 꿈꾸는 서울'에서 소중한 기록을 남겨 주셨습니다. 이 또한 놀랍고 감사한 일이 아닐 수 없습니다. 기록과 메모의 힘은 종이 한 장의 위력을 넘어 중요한 역사가 됩니다. 모든 과정을 지켜본 시민의 눈으로 남겨진 이 꼼꼼한 기록이 바로 우리들의 역사이자 시민이 참여하는 세상 바꾸기의 좋은 참고서가 될 것입니다.

희망은 모든 절망을 감싸안습니다. 그리고 희망하는 사람들은 절망하는 사람을 보듬어 안아 일으켜 세웁니다. 이것이 바로 함께하는 '시민의 힘'입니다.

선거기간 동안 보여주신 열정과 헌신을 항상 가슴에 담아두고 힘들 때나 흔들릴 때마다 꺼내어 보겠습니다. 여러분은 바로 저의 거울이기 때문입니다.

"그렇습니다.
시민이 시장입니다."

2012년 3월 박원순 드림

열병처럼 몸살을 앓다

영국 총리였던 마가렛 대처는 철도 노동자들에

대해 다음과 같은 말을 했다고 한다.

"조금이라도 괜찮은 사람이라면

이런 곳에서 일할 리가 없겠죠."

희망이라는 말은 모든 절망을 감싸
안았습니다. 그리고 희망하는 사람
들은 절망하는 서로를 부둥켜 함께
일으켜 주었습니다. 이것이 바로 희

는 시민의 힘이었습니다. 여러
분들의 선거기간 동안의 열정과 희
망을 항상 가슴에 담아두고 고민되
는 일이 있을 때마다 꺼내어 보겠
습니다. 바로 여러 분들이 저의
제가 여러 분들의 마음이기 때문

인연보다 신비롭고,
무서운 우연

감정선에 매달려 꽤 긴 글을 적었다. 바뀐 노트북을 잘못 건드려 시스템이 종료되었다. 정신차리라는 회초리인가 하는 생각이 들었다.

무언가 상상하고 예상한 일들과 감정은 일어나지 않았다. 섭섭하리만큼 덤덤하게 줄 것 주고 받을 것 받아 돌아섰다. 사람들과의 인사는 한가한 내일 덕에 벅차지 않았다.

그런데 이게 집에 와서 문제였다. 광택 없는 시커먼 노트북은 반납되었고 번쩍이는 새까만 녀석이 나를 기다리고 있었다.

팽팽 잘 돌아가는 속도에, 놀라운 부팅에 '헉' 소리가 나오고, 가볍게 돌아선 걸음만큼 가벼워진 시스템이, 번쩍거렸지만 왠지 모르게 짠했다. 습관처럼 열어보던 메일도 온데간데 없고, 키보드 가운데 생뚱맞게 자리 잡고 있던 시뻘건 콩알도 찾을 수 없었다.

십수 년 만에 내 이름으로 전화번호를 받고, 처음으로 멤버십 카드도 신청하고 컬러링도 얹어보았다. 시간 맞추어 보내주던 대리운전 스팸 문자도 오늘따라 조용했다. 내일이면 오롯이 박철웅으로 살아가야 하는데, 해방의 기쁨보다 안락한 구속이 아쉬운 것은 많은 것을 두고 왔기 때문일까?

11년 동안 익숙한 출근길을, 숭늉 같은 자판기 커피를, 로또같이 기다리던 파란 주차등을, 설사를 유도하던 요상한 화장실을, 먹어도 배고픈 지하실 배급식을, 어제는 싸우고 오늘은 으쌰으쌰하던 동료들의 얼굴들을, 나 홀로 잠 못 이루던 월요병의 일요일 밤을, 그리고 부질 없던 욕심을.

내 지친 모습으로 그 전부를 쫓을 수 없듯 너무 아쉬워하지 않으련다. 그래도 나는 그곳에서 얻은 것들이 더 많으니…….

그곳에 있을 때 결혼을 했고 사랑스런 아이를 얻었으며, 생애 첫 자동차를 얻고 아파트 평수를 늘렸다. 처음으로 해외출장을 갔고 첫 진급을 했으며, 잘난 자만심을 꺾고 처음으로 누군가를, 동료를 존경하는 마음을 얻었다. 무엇보다 젊고 엉성하던 지난날의 추억을 남겨 왔으니 분명 남는 장사였다.

언젠가 훗날, 그곳에서 함께한 진솔했던 인연과의 자신 있는 만남이 기다리고 있을 것이다. 그것이 내가 잘 놀고, 잘 쉬고, 잘살아야 하는 이유일 것이다.

안녕, IBM!

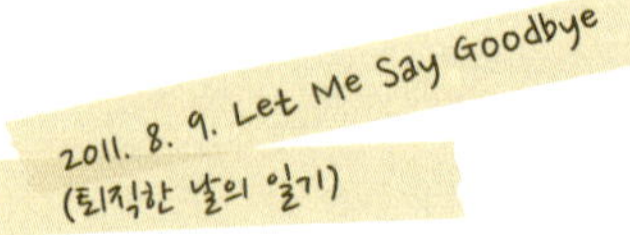

2011년 6월 22일 희망제작소 홈페이지에 걸린 '원순 씨와 함께하는 백두대간 종주 대원모집' 광고를 스쳐 지나가듯 본 것은 퇴직을 준비하던 그때의 일이었다. 나는 건강상의 이유를 내세워 남보다 조금 빠른 인생의 제2막을 도모하고 있었다.

회사에는 병가를 냈고, 인생 2막은 이전의 내 모습과는 달라야 한다는 생각이 가득했다. 막연한 의욕만으로 기분이 들떴다가 또 이유없이 의기소침해졌다.

7월, 원순 씨는 모집한 대원들과 함께 두 달여의 일정으로 백두대간을 향했다. 나는 11년 근무했던 직장에 사직서를 냈다.

원순 씨는 사람들과 함께 뒹굴며 나누던 세상과 잠시 거리를 두고 깊은 산중으로 떠났고, 나는 직장을 그만두고, 먹고 살기에 바빠 그동안 돌보지 못했던 나 자신과 만나는 오롯한 자아 속으로의 여행을 기대했다. 물론 새로운 직장을 구하는 일도 포기할 수 없었다.

제일 먼저 생각난 것은 NGO나 사회적 기업이었다. 생계 차원에서의 일자리도 중요하지만 나는 언제나 좀 더 쓸모 있는 일을 하고 싶었다. 직업 외에도 하고 싶은 일이 참 많았다. 글쓰기, 블루스 기타 연주, 삽화 그리기, 동화책 제작 등에도 지대한 관심을 가지고 있었다. 그런 외중에 원순 씨의 백두대간 종주 관련 소식을 접하게 된 것이다.

1년 전 홍대 앞에서 열린 시민 정치참여 관련 토크쇼에 출연했던 원순 씨의 모습이 생각났다. 참석자와 주최자의 관례적인 만남으로 우리는 악수를 나누고 심상하게 헤어졌다. 인연이라고 할 것까지도 없었다.

서랍과 명함철을 뒤져 그가 건네준 '희망제작소'의 명함을 찾았다. 희망제작소와 아름다운 재단 홈페이지도 방문했다. 그에 대한 궁금증이 밀려왔다. 그에 대해 한 가지씩 알게 될수록 인간 박원순에 대한 호기심도 늘어갔다.

원순 씨가 인권변호사로 새로운 출발을 한 나이를 대입하여 나의 인생 그래프를 그려보기도 하고, 희망제작소나 아름다운 재단에서 무언가 더 찾아낼 수 있지 않을까 하는 막연한 기대감도 품었다.

지난날을 내려놓고 모종의 결심을 하고 새롭게 길을 나선 것은 원순 씨나 나나 비슷했지만 '새로운 결심'에 대한 내용은 달라도 너무 달랐다. 원순 씨의 결심 속에는 세상과 공동체와 사회와 사람들이 있었다. 그러나 나는 내 발등 위에 떨어진 불을 끄기에만 급급했다. 다른 것은 생각할 겨를이 없었다.

그런데 어느 날 그것이 내 눈에 띄었다. '희망제작소'에서 내어놓은 모 분야 연구원 채용공고였다. 크게 고민하지는 않았지만, 이전까지 학습된 대로 나름 꼼꼼하게 이런저런 계산을 해본 다음 지원했다. 결과는 불합격이었다. 기분 나쁘진 않았지만 궁금해졌다. 저들이 원하는 사람은 어떤 사람일까? 나의 어떤 면이 저들에게 어필하지 못했을까?

어딘가에 지원했다가 떨어지면 사실 이 정도의 의문은 당연한 일일 것이다. 그럼에도 절실하지 않아서였을까? 박원순이라는 사람에 대한 호기심과 그를 좀 더 가까이서 겪어볼 수 있는 기회를 잃은 것만이 좀 아쉽게 느껴질 뿐이었다.

　사람이 앞으로의 일을 어떻게 예견할 수 있겠는가.

　우연이란 억지 인연보다 신비롭고 무서운 법이다. 그 무렵 원순 씨의 백두대간에서의 결심이 없었다면, 그리고 내 눈에 '희망제작소'의 구인 광고가 눈에 들어오지 않았다면 나는 어쩌면 내가 계획한 대로의 인생 2막 준비에 박차를 가하고 있었을지 모른다. 또 계속되는 사건사고와 실정으로 인해 나라가 시끄럽지 않았다면, 이대로는 도저히 못살겠다는 사람들의 아우성이 없었다면 원순 씨도 여전히 희망제작소에서 '소'를 키우고 있었을지도 모른다. 원순 씨는 백두대간에서, 나는 인생의 제2막 앞에서 지난 삶과는 다른 무엇을 기다리고 있었던 것이다.

아폴로반의
미화부장 선거

2011년 9월 6일, 원순 씨는 서울시장 후보가 되어 호랑이보다 무섭다는 선거판에 뛰어들었다. 선거캠프를 꾸리며 5%의 지지율로 힘겨운 시작을 하고 있던 그때 나는 거꾸로 그가 내려온 백두대간을 향하고 있었다. 지금은 태백시가 된 옛날 '황지, 장성'에 외가가 있는데 친지가 노환으로 별세하신 것이다.

새로 닦은 신작로임에도 불구하고 서너 차례 쉬어가며 한나절을 꼬박 운전한 끝에 태백으로 올랐다. 꼬불꼬불 산길은 끝이 보이지 않았다.

외갓집은 물론, 돌아가신 고인이나 상주들 모두 그 지역을 터전으로 해서 살아가고 있다. 관청이나 방송국, 경찰서에 근무하는 사람들이 많았는데, 그래서 그런지 상가에 모인 사람들의 화젯거리는 그 지역 시장의 '삭발' 투쟁 소식이었다.

예전 같으면 관심을 갖지 않았을 텐데 나도 모르게 앞으로 자리를 옮겨가며 질문하고 경청하는 자세를 취했다.^(태백시민 생존권 수호 투쟁에서 삭발한 태백시장이 화제였는데, 그는 지방선거 때 원순 씨가 지지 의사를 표시한 한나라당 출신 지자체장 후보 둘 중 한 명이었다.) 사람의 연이나 운이라는 것은 아무리 생각해 봐도 정말 신비로울 뿐임을 다시 한 번 느꼈다.

문상을 마치고 돌아오는 길에 여러 가지 생각들이 꼬리를 물고 일어났다. 일부러 바다를 보며 달리는 길을 택했다. 복잡한 생각을 정리해 주는 데는 끝없이 푸른 바다만큼 좋은 것도 없을 터였다. 그날 아침 안철수 원장이 원순 씨에게 서울시장 후보 자리를 양보했다. 서울은 발칵 뒤집혔다. 그뿐인가. 여러 가지 소식들로 연일 시끄러웠다.

- 영화 〈도가니〉 열풍
- 곽노현 교육감의 진실공방
- 영원한 3할 타자 장효조 2군 감독 별세
- 철수 씨의 통 큰 양보

사건사고가 줄줄이 엮인 비엔나 소시지처럼 끝도 없이 나왔다. 공권력으로는 더 이상 진실을 밝힐 수 없는 세상^(영화 〈도가니〉), 사건의 전개를 떠나 진실이 실종된 정치적 사건^(곽노현 교육감 사건), 선수의 인권에 누구보다 관심이 많았던, 그래서 박해를 받았던 천재 타자, 그리고 젊은이들로부터 특히 크나큰 신뢰를 얻고 있던 사람의 정치적 커밍아웃 등이 결코 독립적인 개별 사건이라 보여지지 않았던 것이다.

내가 살고 있는 이 세상이 망가졌다. 그것은 사실이었다. 어떻게 보면 회복이 불가능해 보였다. 그런데 그 망가진 세상을 누군가 힘겹게 고치려 하고 있었다. 나는 내 일에만 정신이 팔려 처음엔 관심도 없었다. 그런데 어느 날 그들과 그들이 바꾸려 하는 세상이 내 눈에 들어왔다. 부끄러웠다

집으로 돌아와 바로 컴퓨터 앞에 앉았다. 그리고 '아폴로반의 미화부장 선거'라는 글을 써서 SNS와 블로그에 올렸다. 내 생에 첫 번째의 정치 기고였다.

철수와 원순이 서로 얼싸안은 날 나는 내 속에 숨어 있던 정치적 자아와 그렇게 조우했다.

아폴로반의 미화부장 선거

유치원 아폴로반에도 2학기는 시작되었다. 방학 동안 부쩍 튼튼해진 남자 아이도 있었고, 약간 새침해진 여자 친구들도 보였다. 그런데 지난 학기 동안 미화부장을 맡았던 세헌이가 통학버스 대신 통학보트를 마련해 달라고 하고, 살고 있는 아파트 평수에 따라 다른 색 명찰을 달아야 한다고 하다가 아이들에게 따돌림을 당해 유치원을 그만두게 되었다. 물론 세헌이가 스스로 생각한 말들이 아니라는 것은 잘 알고 있다. 항상 그렇듯 그 엄마, 아빠가 문제였다.

어찌 되었든 2학기 미화부장을 새로 뽑아야 하는데, 24명밖에 없는 아폴로

반에서는 딱 하나 남은 완장인 미화부장을 하고 싶어 하는 친구들이 너무 많았다. 저마다 이유도 있었고, 잘할 수 있다는 생각들을 가지고 자신이 뽑히길 희망하고 있었다. 그 이유와 근거는 중요하지 않았다. 그냥 하고 싶어서 그러는 것임을 모두 알고 있기 때문이었다.

얼마 남지 않는 미화부장 선거를 앞두고 생각지도 못한 일이 일어났다. 공부 잘하던 똘똘이 만물박사 찰스가 미화부장에 대한 자신의 생각을 이야기한 것이다.

"아폴로반의 쾌적한 미화 환경을 위해서라면 누군가 뛰어들어야 할 것 같아."

아폴로반은 혼란에 빠졌다.

"똘똘한 찰스니까, 착한 찰스니까, 친절한 찰스니까 못할 이유가 없지."

대부분의 친구들은 반기는 기색이었지만 반장인 홍반장이나 부반장 학큐의 가슴은 답답해져만 갔다. 그리고 저마다 "찰스는 원래 나랑 제일 친해"라며 아직 본인이 결심하지도 않은 미화부장 출마를 환영했다.

"찰스만 내 편이 되면 힘 세고 눈치만 빠른 학큐도 더 이상 내게 대들지 못할 거야."

홍반장은 대놓고 아이들에게 이야기했다.

'찰스는 원래 나랑 같은 어린이집 출신이야, 찰스가 우리랑 같은 편이 되면 돈 많은 할아버지 때문에 반장이 된 홍반장을 혼내 줄 수도 있겠어.'

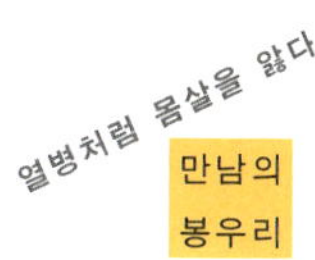

학큐도 이런 생각을 숨기지 않았다.

청계산 등산을 마치고 뒤늦게 돌아온 원숙이도 미화부장 자리에 관심을 보였다. 원숙이는 이전부터 학급의 미화나 분위기에 관심이 많았다. 똘똘하기가 둘째가라면 서러운 친구였고, 가난하지만 항상 밝고 건강한 웃음을 지닌 친구였다.

"내가 미화부장을 하면 어떻게 우리 반을 아름답게 만들지 생각해 봤어. 할 일이 무궁무진해!"

원숙의 말에 찰스는 깜짝 놀랐다. 오래 고민해 온 흔적과 진심이 묻어났기 때문이다. 찰스는 고민 끝에 미화부장 자리에 도전하지 않겠다고 아이들에게 알렸다.

아이들은 처음에는 당황스러웠지만 그들의 결정에 박수를 보냈다.

홍반장은 그 모습을 보며 코웃음을 쳤다.

"치-, 지네끼리 놀고 있네. 웃기고 있어. 반장은 나야."

그는 친구들에게 둘의 험담을 하기 시작했다. 찰스가 원숙이를 만난 자리에서 이렇게 말하는 걸 들었기 때문이다.

"난 홍반장이 싫어. 지금까지 반 운영을 잘못해 왔다고 생각해. 그리고 하나도 안 친해."

학큐는 "원숙이도 원래 나랑 같은 어린이집 출신이야"라며 아주 친한 척하고 돌아다녔지만 모두들 알고 있었다. 학큐는 홍반장이랑 제일 친한 친구였다는 것을.

아폴로반 아이들은 이미 알고 있었다. 반을 아름답게 꾸며주고, 깨끗이 쓸고

닦고 봉사할 사람을 뽑아야 한다는 사실을.

'그렇게 간단하고 뻔한 사실을 홍반장과 학큐는 왜 모르고 있을까?'

아이들은 참 이해하기 힘들었다.

'아폴로반의 미화부장 선거'
(2011. 9. 7. 페이스북 노트)

함께 서울을 꿈꾸다

2011년 9월 6일, 안철수 원장의 서울시장 출마 양보 발표와 함께 원순 씨는 '희망'이라는 주제어로 선거캠프를 꾸리기 시작했다.

나는 예년보다 이른 추석명절을 지낸 후 한창 아빠를 찾는 일곱 살 아들녀석과 뒹굴며 사회·정치 문제에 대해 가급적 관심을 갖지 않으려 애썼다. 그러면서도 메일과 SNS를 통해 원순 씨와 그의 측근에 나의 제안을 던지기도 했다. 물론 돌아오지 않는 메아리였다. 기분이 썩 유쾌하지는 않았다.

d wonsoonpark 외국계 IT 회사에서 비즈니스 디벨롭과 마케팅 매니지먼트를 13년 동안 경험하고, 올 8월 새로운 인생 2막을 위해 퇴직하여 이른바 자발적 백수로 생활 중입니다. 혹 작은 힘이나마 보탬이 될 수 있다면 지금의 자

유롭고 한가로운 시간을 투자해 드리고 싶네요. jjangste@××××.com으로 연락을 주시거나 쪽지 남겨주세요.

예전 같으면 무반응이나 무관심에 나도 같은 방식으로 대응했겠지만 이번에는 달랐다. 그의 캠프의 일원이 되어 그간 사회에서 쌓은 경험과 지식을 나누고 싶었고, 일 자체에 집중하여 매진하고도 싶었다. 워커홀릭의 특성이었다.

나의 제안에 관심을 보이지도 않는 사람들에게 서운함을 품지 않았던 건 이미 나 자신이 많은 것을 내려놓았고 현실적인 욕심이 없었기 때문이다. 마음의 중심을 잃어버리지 않고 의연했던 당시 모습은 나 스스로도 의외였다.

9월 15일, 남산 종주를 하게 되었다. 북촌기행에 이어 개인적으로 세운 '서울기행'의 두 번째 일정이었다. 동국대 입구에서 시작해 남산 산책로, 석호정, 와룡대, 남산성곽, N타워를 찍고 회현동으로 넘어오는 코스였다.

그날 땀을 흘리며, 그 길을 걸으며 무언가 결심을 했던 것 같다. 내려와 심한 몸살을 열병처럼 앓았다.

자리를 털고 일어나 원순 씨와 관련된 커뮤니티를 찾아보았다. '박원순과 함께 꿈꾸는 서울'이라는 페이스북 그룹이 눈에 들어왔다.(이들은 곧 다음카페의 '박원순 팬카페'로 둥지를 틀게 된다.)

'박원순과 함께 꿈꾸는 서울' 팬클럽(이하 '박꿈')이라는 팬서포트 그룹 형

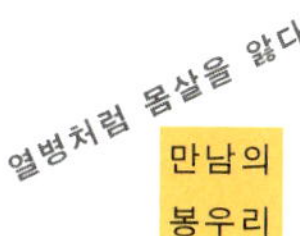

식 커뮤니티의 최초 기획이나 의도는 사실 아직도 정확히 알지 못한다. 박원순이라는 개인에 대한 지지를 보내는 '팬'들의 자발적인 결성과 조직으로 보였지만, 그것만으로는 설명되지 않는 부분이 많았다. 공식출마 이후 삽시간에 모인 회원들이 3천 명에 육박했다. 그들은 자발적으로 움직였다. 그리고 믿기지 않을 정도의 조직적인 역량을 보여주었다.

누군가 정치적인 목적을 가지고 시작했을 수도 있고, 박원순이라는 활동가에 대한 팬덤 현상일 수도 있겠지만, 그 동기는 중요하지 않았다. 선거 기간 동안 그들이 보여준 열정과, 뜨거운 진정성과, 실천이 중요할 뿐이다.

9월 16일, 나는 원순 씨 트위터에 "희망의 항해에 함께할 방법을 찾고자 합니다. 무엇이 있을까요?"라며 공개 멘션(트위터에서 한 사람을 지목해 말을 거는 것)을 날렸다. '박꿈'이 실제로 결성되어 구체적인 활동을 시작하던 시점이었던 것 같고, 그들 중 누군가의 초청이었는지 스스로였는지 그 커뮤니티에 운명처럼 가입을 하게 되었다.

9월 17일 토요일에 원순 씨는 서울시장 보궐선거 예비후보로 공식출마를 선언했다. 그리고 SNS를 통해 시민들과 남산에서 만남을 갖는 이벤트를 열었다. 그날 이벤트에는 참석하지 못했지만 '한강 르네상스 사업'과 관련한 내용으로 원순 씨의 멘션을 리트윗하게 되었다.

이것이 시작이었다. 그에 대한 최초의 지지 선언은 '리트윗'이라는 가벼운 형식으로 시작되었다. 호의를 가지고 삶의 활력소 정도라 생각하며 가볍게 접근한 것이 도리어 좋았다. 무엇이든 과한 의욕은 여러 가지 불상사를 낳기 쉬우니까.

혹자는 아무 생각 없이 슬리퍼를 끌고 산보를 나왔다가 소풍으로 이어지고, 그것이 멀고 험한 순례의 길이 된 것에 의문을 품을 수도 있을 것이다. 당연한 의문이다. 인정한다. 하지만 처음에 이야기했듯 정치와 사회참여라는 것이 일상과 동떨어져 있어서는 안 된다는 게 그간의 고민에 대한 나의 생각정리였다. 정치라는 것은 결국 우리의 일상을 지배하는 것이기 때문에 누구도 그것으로부터 자유로울 수 없는 것이다.

사람은 삶의 대부분을 소소하고 일상적인 일들로 채우고 살아간다. 먹고 씻고 자고 고민하고 다짐하는 일들이 죽을 때까지 반복된다. 어떻게 생각하면 일상적인 삶의 모호함은 인생이라는 커다란 과대망상을 버티게 해주는 현실적인 버팀목이 아닐까?

아무튼 주사위는 던져졌다. 나는 원순 씨와 그의 팬들과 연결되었다. 그가 내 인생에 뛰어들어 왔다. 물론 내가 초대한 것이지만.

일상의 정치를 위해 희망의 항해에 함께한 팬클럽 회원들과 지지자들은 하나가 되었다. 그리고 그를 지지하는 이들은 예상보다 훨씬 높고 험한 파도와 맞딱드려야 했다. 파고는 높고 물살은 셌다. 희망으로 소망을 이룬 우리들의 여정은 이렇게 시작되었다.

그날을 향해 첫발을 놓다

'미신이라도 진심이면 종교가 된다'고

김광섭 시인은 어느 시에 썼다.

는 오랫동안 가난한 사람과 부자
가 더불어 함께 살아가는 공동체
태와 녹색이 숨 쉬는 도시, 사람
냄새가 풍겨오는 거리, 문화와

다. 꿈은 혼자서 꾸면 몽상에 그
지 않지만 함께 꾸면 현실이 되
는 법입니다. 이제 그 꿈을 함께
, 함께 실현하는 이 새로운 역사
의 목격에 함께 하지 않으시렵

한 배에 올라탄 사람들

2011년 9월 21일, 원순 씨는 서울 효창동 백범기념관에서 '10.26 서울시장 보궐선거' 공식출마 기자회견을 가졌다. 그의 소박한 연설과 진짜 내 이웃들 같은 시민대표들의 모습이 인상적이었다.

그날은 지금도 선명히 내 기억에 남아 있다. 새파란 하늘에, 급히 뛰어간 아이들이 흘린 솜사탕 같은 구름 몇 조각, 그리고 햇살이 눈부신 찬란한 가을날이었다.

나는 한 명의 시민으로 참석하여 그의 출마의 변을 들었다. 소름이 돋았다. 사람, 고향, 소통, 꿈…… 이런 그리운 단어들로 정치적 포부를 밝히는 사람은 내 기억으론 처음이었기 때문이다.

단상에 올라선 그의 모습은 너무 멀고 커보였다. 그러나 단상에서 내려오자 그는 작고 낮은 사람이었다. 겉과 속이 같다면 그를 끝까지 지켜주고 싶다는 생각을 했다. 그리고 그의 진정성을 확인하고 싶다는 또 다른 욕심이 생겼다.

2011년 서울, 변화의 시나리오가 시작됩니다

1

서울시민 여러분 반갑습니다.

안녕하세요, 박원순입니다.

저는 오늘 이 자리에서 꿈을 이야기해 보려고 합니다.

저는 늘 세상은 꿈꾸는 사람의 것이라고 말해 왔습니다. 그리고 스스로 그 꿈을 꾸어 왔습니다. 바로 오늘과는 다른 내일, 지금과는 다른 세상을 꿈꾸어 왔습니다. 오늘 서울은 꿈이 필요합니다. 지금과는 전혀 다른 서울을 꿈꿀 수 있는 사람이 필요합니다.

저는 오랫동안 가난한 사람과 부자가 더불어 함께 살아가는 공동체, 생태와 녹색이 숨쉬는 도시, 사람의 냄새가 풍겨오는 거리, 문화와 예술이 삶 속에서 녹아 있는 생활공간, 역사의 향기와 삶의 기억들이 살아나는 고향 같은 서울을 꿈꾸어 왔습니다.

요란하게 외치지 않아도 돋보이고, 누가 꾸미지 않아도 아름다운 그런 서울을 꿈꾸어 왔습니다. 화려하지 않아도 기본이 바로 서 있고, 소박하고 검소해도 안전한 도시로서의 서울을 그려왔습니다.

아마도 저 혼자만의 꿈은 아닐 것입니다.

꿈은 혼자서 꾸면 몽상에 지나지 않지만 함께 꾸면 현실이 되는 법입니다. 이제 그 꿈을 함께 꾸고, 함께 실현하는 이 새로운 역사의 물결에 함께하지 않으시렵니까?

2

서울시장 예비후보로 등록한 후 서울시내 곳곳에서 경청투어라는 이름으로 시민들을 만나고 있습니다. 그저께 수유시장에서 만난, 손등에 세월이 박힌 어느 아저씨는 "평범하게 사는 것이 이렇게 어려운 줄 몰랐다"고 하셨습니다. 남대문 상가에서 만난 한 아주머니는 "삶이 무너져 내린다"고 말했습니다. 서울살이에 지친 사람은 늘어만 가고 있습니다.

많은 서울시민들이 서울을 떠나야 할지도 모르는 불안감에 휩싸여 있습니다. 전셋값을 더 올려줘야 한다니 퇴근길마다 절로 한숨이 나옵니다. 부모 부담 좀 덜어주겠다고 아르바이트를 몇 개씩이나 뛰는 아이들이 가슴에 멍으로 맺힌 것도 오래 전입니다. 오늘은 대학생이 아니라 아르바이트생으로, 내일은 비정규직으로 살아갈 아이들 앞에서 우리는 한없이 부끄럽기만 합니다. 고단한 삶에 아프고 지쳐 버린 사람들, 그 사연이 어디 이뿐이겠습니까.

버티고 버티다 결국엔 가게 문을 닫고 절망하는 자영업자와 재래시장 상인들, 아무리 허리띠를 졸라매도 감당할 수 없는 물가에 속이 타 들어가는 주부들, 서민을 쫓아낸 것도 모자라 자취방마저 삼켜버린 뉴타운 개발에 고시원으로, 쪽방촌으로 밀려나는 대학생들, OECD 국가에서 행복지수가 가장 낮은 어린이와 청소년에 이르기까지 서울은 결국 사람을 잃었습니다. 상처투성이의 도시가 되었습니다. 한마디로 서울의 현실은 '아픔'그 자체입니다.

저는 그 아픔을 치유하고 보듬는 시장이 되겠습니다. 시장이란 서울살이가 힘든 사람들에게 힘이 되어주는 자리, 거칠고 팍팍한 삶에 지친 사람들에게 용기를 주는 자리입니다. 정직하고 성실한 사람들의 소박한 꿈을 찾아주는 자리입니다. 기꺼이 시민 여러분의 곁으로, 낮은 곳으로 내려가는 시장이 되겠습니다.

3

시정의 가장 큰 문제는 서울시에 시민이 없다는 것입니다. 그렇습니다. 이명박, 오세훈 전 서울시장이 만든 서울은 천만 시민의 서울이 아닙니다. 두 사람의 대권 꿈이 커가는 지난 10년 동안 시민들의 꿈과 희망은 오히려 축소되고 실종되었습니다. 체념이 일상이 되고 희망은 뒷전으로 밀려났습니다. 불안하고 피곤한 도시가 되어 버렸습니다.

우리가 모르는 사이에 서울시민은 빚쟁이가 되어 버렸습니다. 두 전임 시장을 거치면서 서울시 부채는 8조에서 25조 5천억 원으로 늘었습니다. 연간 이자만 1조 원이 넘습니다. 겉모습 치장하고 보여주기 행정하느라 재정이 파탄났습니다. 의회와의 갈등으로 대의민주주의는 실종되고 시정은 중단되었습니다.

서울시장은 자신의 꿈을 추진하는 자리가 아니라 서울시민들의 꿈과 희망을 정책으로 담아내는 자리입니다. 저는 과잉으로 정치화된 서울을 바로잡겠습니다. 사욕을 버리고 공평무사한 행정을 펴겠습니다. 어느 한 정파의 이해가 아니라 오직 시민의 이익, 공공의 이익을 챙기겠습니다. 토건과 거대 프로젝트로 멍든 서울시 재정을 균형재정으로 돌려놓겠습니다.

21세기가 요구하는 국제도시 서울에 걸맞은 기본 인프라에 투자하고 시민들에게 절박한 생활시설에 중점을 두겠습니다. 기본으로 돌아갈 것입니다. 상식으로 회귀할 것입니다. 지난 10년이 '도시를 위해 사람을 잃어버린 10년'이라면 앞으로 10년은 '사람을 위해 도시를 변화시키는 10년'이 되어야 합니다.

4

천만 서울시민이 이번 서울시장 보궐선거에 보내는 메시지는 명확합니다. '새로운 변화, 진정한 변화'를 만들어 달라는 것입니다. 바로 그 서울시민의 요구와 생각, 그것이 또한 저의 정책이고 비전이고 꿈입니다. 해결할 문제가 너무 많습니다. 산적한 과제가 한두 가지가 아닙니다. 상황은 너무나 엄중합니다. 하루아침에 생긴 문제가 아니니 하나하나 바로잡고 다시 기본으로 돌아가는 것도 단숨에 될 일은 아닙니다. 남은 임기가 3년이 채 되지 않지만 저는 서두르지 않겠습니다. 차근차근, 한 걸음 한 걸음 신중하게 그러나 분명히 앞을 향하여 걸어갈 것입니다.

깊은 생채기에도 새살은 돋습니다. 시민 여러분이 함께하면 새로운 길을 반드시 만들 수 있습니다. 지금이야말로 시민 여러분의 힘으로 서울을 바꾸고 시정을 바꿀 때입니다.

5

저는 평생 시민의 편에서 좀 더 나은 사회, 좀 더 좋은 변화를 만들어내기 위해 일해 왔습니다. 누가 하라고 한 것도 아니고, 무엇을 바라고 한 것도 아니지만 세상의 문제를 고민하고 해결하려고 동분서주해 왔습니다. 사람답게 사는 세상, 아름다운 사회를 위해 나름대로 헌신해 왔습니다.

1980년대 군사독재 시절 인권이 억압당할 때 인권변호사로 국민들 곁을 지켰습니다. 1990년대 시민의 권익과 사회의 개혁이 절박한 시절 참여연대를 만들어 국민의 호민관이 되었습니다. 2000년대 사람 사이에 공감과 동행이 필요한 시절에 아름다운 재단과 가게를 시작했습니다. 2006년 거대담론이 아니라 구체적 정책이 필요한 시대에 시민의 꿈을 현실로 만들 수 있는 희망제작소와 좋은 시장학교를 열었습니다.

대한민국 구석구석을 돌아다니며 지역의 리더들과 함께 많은 답을 만들었습니다. 박원순이 함께한 전국 곳곳에 새로운 미래와 대안들이 살아 숨쉬고 있습니다. 전세계 모범이 되는 나라, 도시라면 가보지 않은 곳이 없습니다. 수많은 전문가들과 면담하고 교분을 쌓았습니다. 저는 그 모든 분들과 함께 실질적인 변화, 진정한 변화를 도모할 자신이 있습니다. 제가 일하는 방식은 명쾌합니다. 시대와 시민이 필요한 것을 분명하게 찾고, 가장 창조적이고 혁신적인 방법으로 팀워크를 만들어 함께 일한다는 것입니다.

서울의 현실은 시 정부는 20세기, 시민은 21세기라고 생각합니다. 서울시를 시청 사무실로 이해하는 시대는 지나갔습니다. 서울시민의 자발적 참여, 창조와 혁신으로 거듭나는 공무원, 더 큰 역할을 하는 사회, 이렇게 삼각편대가 제가 그리는 서울시청의 모습입니다.

지금 우리에게 필요한 시장은 자신의 꿈이 아니라 시민의 꿈을 자신의 일로 만들 수 있는 자세, 세계와 호흡하며 새로운 대안을 만들 수 있는 창조와 혁신의 비전과 네트워크, 새로운 아이디어를 구체적 현실로 만들어내는 강력한 추진력이라고 생각합니다.

제가 꿈꾸는 것은 어제의 서울로 복귀하거나 오늘의 서울을 반복하는 것이 아닙니다. 미래의 서울을 만드는 것입니다. 그리고 그 시작은 바로 지금이어야 합니다.

6

서울시장이 되면 저는 다음 여섯 가지를 우선적으로 실천하겠습니다.

첫째, 전시성 토건예산을 삭감하고 그 재원으로 복지 · 환경 · 교육 등 시민의 삶을 보듬고 삶의 질을 높이는 데 투자하겠습니다.

둘째, 시의회 · 교육청과 협의하여 친환경 무상급식 정책을 조기에 확정하여 차질 없이 추진하겠습니다.

셋째, 일자리 문제 해결을 최우선 과제로 삼아, 소외된 취약계층과 청년들이 일어설 수 있는 사회복지적 일자리와 창조적 벤처기업의 창업과 경영에 필요한 정책지원에 나서겠습니다. 그 일환으로 사회투자기금과 중간지원기관, 유통지원기구의 설치를 추진할 것입니다.

넷째, 한강운하는 폐기하고 자연형 한강을 복원하겠습니다. 재생에너지 확대는 물론이고 기상이변으로 인한 재난에 대비하는 안전한 녹색서울을 만들겠습니다.

다섯째, 재건축과 재개발의 과속추진을 방지하고 이주시기의 조절과 새로운 임대정책을 도입하는 것은 물론, SH공사의 개혁을 통해 전세난을 최소화하겠

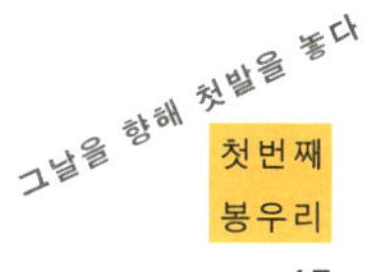

습니다.

7

저는 무엇을 하겠다는 공약을 일일이 나열하지 않겠습니다. 시민 여러분의 생각을 듣고 그것을 정책화하는 데 더 신경 쓰겠습니다. 그보다 어떻게, 누구와 함께 그것을 실천할지를 고민하겠습니다.

저는 부정보다는 긍정의 힘으로, 갈등과 대립보다는 협력과 조정의 힘으로 시정을 이끌겠습니다. 모두를 아우르겠습니다. 생경한 이념이나 추상적인 담론이 아니라 실증적이고 현실적인 정책을 중시하겠습니다. '21세기 실학'을 꽃피우겠습니다.

저는 현장주의자입니다. 현장에는 문제도 있지만 그 답도 준비되어 있습니다. 늘 현장에서 민생을 챙길 것입니다. 저는 시민이 고객이 아니라 주인이라고 늘 생각해 왔습니다. 시정의 단계마다 분야마다 시민들을 주인으로 모시겠습니다.

언제 어디라도 시민들을 찾아갈 것입니다. 언제 어디라도 시민들을 만날 것입니다. 웹 2.0에 기반한 소통의 혁명을 이루겠습니다. 그렇습니다. 시민이 시장입니다. 새로운 서울, 박원순이 하면 확실히 다를 것입니다. 서울시민이 원하는 변화를 만들겠습니다.

고맙습니다.

사실 이날 공식회견의 참관은 하루 전날의 전화 한 통에 대한 부담감이 꽤 많이 작용했다. 그저 온라인 팬클럽의 회원이었던 나로서는 참여

해도 그만 안 해도 그만인 행사였다.

짧은 시간에 의기투합한 사전 운영진은 지지층의 결속을 위한 '팬미팅' 행사를 창안했고, 그 팬미팅 행사내용 중 하나로 '원순 씨께 보내는 러브레터' 공모가 있었다. 공모 당선작은 행사 당일에 낭독이 되고, 원순 씨와 12월 31일까지 사용할 수 있는 데이트 티켓을 지급한다는 부상이 걸려 있었다.

가슴이 두근거렸다. 앞으로 내가 하고 싶은 것이 '글쓰기'와 관련된 일이라 당연히 공모에 응하고 싶었고, 원순 씨와의 데이트권은 그 어떤 상보다도 탐이 났다.

행사기간이 너무 짧아 러브레터 숫자가 그리 많지 않아서였는지 나의 편지가 채택되었다. '박원순과 함께 꿈꾸는 저녁 – 팬미팅'에서 내가 쓴 편지를 내가 직접 낭독하게 된 것이다. 내 편지가 채택되었으며 직접 낭송을 부탁한다는 주최측의 전화를 받고는 뛰는 가슴을 주체할 수 없었다.

2011년 9월 21일, 생각보다 빨리 날은 저물어 갔고, 저녁 정동길 이화여고 100주년 기념관에는 500여 명의 원순 씨 팬들이 모여들었다. 성별과 연령과 직업이 아주 다양해 보였다. 이들의 단 한 가지 공통점이라면 원순 씨가 꼭 서울시장이 되었으면 좋겠다는 바람이었다. 공연을 준비하는 기간이 짧았음에도 불구하고 전문 공연기획자 탁현민 교수는 능숙하게 공연을 이끌었다. 물론 작은 실수는 있었지만 그 정도는 흠이라고 할 것까지도 없었다.

하모니카 연주와 시민악대의 노래로 공연이 시작되었고, 원순 씨의 입장 직후 당선자인 '김미옥' 씨와 '나'의 러브레터가 낭독되었다.

"사랑하는 원순 씨!"

라고 운을 떼고 나니 갑자기 얼굴이 달아오릅니다. 정말 사랑하는 것이 아닌지 부끄러워지기까지 합니다. 하지만 원순 씨께서 워낙 개방적이시라 동성에다가 한참 연하의 연애편지도 받아주실 거라 믿으며 몇 자 적겠습니다.

저는 70년대 초반 베이비붐 시대, 특히 서울로 상경한 젊은이들의 출산이 늘어나는 시대에 태어난 이제 갓 마흔의 청년(?)입니다. 서울서 태어나 서울서 초·중·고·대학을 다녔고, 주로(?) 서울에서 연애를 했으며, 서울 한복판 명동성당에서 서울이 고향인 예쁜 처자와 결혼하여, 서울이 고향인 아들을 만나게 되었답니다. 그야말로 서울 촌놈이라고 할 수 있지요. 어릴 적 가정형편이 너무 착해서 1년에 서울 곳곳으로 이사하기를 두서너 번, 주민등록초본의 서울 주소만 예닐곱 장이 되는 진정한 서울 토박이랍니다.

그렇게 자라온 저는 사실 최근까지 굽어보고 내려놓고 함께하는 마음을 쉽게 가지지 못했습니다. 오직 사회에서의 성공을 위해 스펙을 쌓고, 연봉을 올리고, 승진을 위해 상관에게 열심히 봉사하며, 언젠가 까만 승용차 뒷좌석에서 신문을 읽으며 출퇴근할 상상으로 앞만 보고 달려왔어요. '사람들이 그러대……', '사람들은 그것을 바라지 않아……', '사람들은 그런 사람을 원해……' 등등 소위 말하는 실체도 없는 '사람들'의 눈높이에 들고 싶었죠.

그렇게 글로벌 컴퍼니인 미국계 회사에서 십수년을 경주마처럼 일하고 있었는데 재작년부터 몸에 이상이 왔습니다. 다리가 마비되고, 시력이 약해지고, 간 기능과 신장 기능이 저하되고, 척추신경에 염증이 생겼으며, 피부는 뒤집어져서 아주 볼 만했지요. 최근까지 받은 진단은 자가면역질환에 의한 강직성 척추염, 망막박리, 포도막염, 인대골화증이었습니다.

그렇게 잠시 쉬어가기를 몇 번 거듭한 올해 8월, 가족들과 가슴 깊은 이야기를 나눈 후 퇴직을 결심하고 인생의 또 다른 막을 준비하고 있답니다. 다행히도 올해 초부터 준비한 휴양과 보전적 운동치료 등으로 건강은 이전보다 더욱 좋은 상태를 유지하게 되었고, 제법 마음의 평화를 얻게 되었답니다. 움켜쥔 욕심을 내려놓는 순간 자연스런 치유가 되지 않았나 하는 생각이 듭니다.

조금 이른 삶의 제2막을 생각하면서 서울을 등지고 귀농을 할까, 외국으로 이민을 갈까 여러 가지 궁리도 많이 했습니다. 하지만 쉽게 결정하기 어려웠답니다.

그 이유는, 첫째로 서울 사람이 서울에 살아야지요. 서울도 좋은 고향이 될 수 있다는 사실을 요즘 알았거든요.

둘째는, 지금껏 실체도 없는 '사람들의 기준'을 맞추려고 발버둥쳤다면, 이제는 가슴으로 느낄 수 있는 진짜 '사람들'을 위해서 쌓아온 경험과 시식을 내려놓아야겠다는 결심이 섰어요.

셋째는, 현재 상태는 호전되었으나 예후를 장담할 수 없는 난치질환을 보전해야 하는 지금 조금 더 허리가 굳고, 시력이 약해지고, 다리의 힘이 풀리기 전에 세상과 꿈을 나누는 아빠가 되고 싶었어요.

저는 원순 씨를 작년 트위터 사용자 모임 토크쇼에서 실제로 처음 뵌 적이 있지요. 제가 건넨 명함을 보시고, 제가 다니던 회사의 사회공헌 활동에 대하여 이

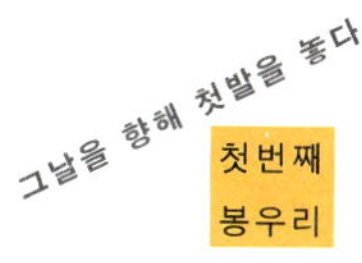

고맙습니다

박원순과 함께
꿈꾸는 저녁

10월26일

서울을 바꾸는 일!
어렵지 않아요~
10월26일,
투표만하면
돼요~

박.원.순과 함께
꿈꾸는 저녁
출연/ 김어준.탁현민

|입장권번호| 나-27
2011.09.21 (WED)
저녁8시~9시30분
이화여고 100주년 기념관(정동)

야기하시며, 지나가는 말씀으로 뜻이 있다면 힘을 보태어 달라는 당부를 주셨답니다. 물론 기억이 안 나시겠지요. 퇴직 결정 즈음에는 희망제작소에서 일하고 싶다는 지원서도 내보고, 퇴직을 만류하는 회사에 사회공헌 팀에 배치해 달라는 제안도 했어요.

진정한 나를 적극적으로 찾게 된 계기는 바로 그날 원순 씨와 나눈 악수 때문이 아닌가 싶습니다. 제가 비즈니스 세계에서 악수 좀 하고 살았는데 원순 씨의 악수는 조금, 아니 아주 많이 달랐습니다. 아귀의 힘도 편안했고 손도 따뜻했으며 적당히 촉촉하시더군요. 그리고 안경 너머 보일 듯 말 듯한 두 눈에서 진심을 보았습니다. 제가 20대 청년 시절 가슴에 품었던 진실과 정의를 위한 고민과 행동들 그리고 좌절들…… 까맣게 잊고 있던 것들이 번개 치듯 떠올랐습니다. 마치 파노라마 같았지요.

그래서 이제는 그 손길을 되돌려 갚아 드리고 싶어요. 빈 그릇을 돌려드리는 것은 예의가 아니라고 배웠습니다. 그래서 무언가 담아드려야겠네요. 미미하고 약소하지만 지난 제 경험과 지식을, 원순 씨가 주로 만나고 지냈던 분들과는 조금 다른 시선을, 약간 고장났지만 상대적으로 괜찮아 보이는 몸뚱이를, 돈도 빽도 없이 살아온 이 삶을 지탱해 준 열정을, 그리고 무엇보다 풍성한 백수의 시간을 담아서 드리고 싶습니다.

저는 항상 같이 걷겠습니다. 언제나 함께 걷겠습니다. 우리 모두 같이 걸을까요?

떨리는 목소리로 손발이 오그라드는 러브레터를 읽고 나서 다시 관객 속으로 숨었다. 원순 씨의 진솔한 출마 의지를 김어준 총수와의 토크로 들을 수 있었다. 그리고 바로 그날 시민이자 팬이자 자원봉사자이자 유일한 비선(?)조직인 '박꿈'의 공식 항해가 시작되었다. 조타수 없는 커다란 배가 버겁기는 했지만 누구 하나 주저함 없이 우리는 배에 올라타 열심히 돛을 올리고, 노를 젖고, 함께 키를 잡기로 했다.

방긋거리는 꽃들은 아니지만, 들판에서 꿋꿋이 버티고 있는 파란 들풀처럼 우리는 그렇게 서로를 의지하고 버티기 시작했다. 물론 앞으로의 항해가 얼마나 힘들고 외로운 것인지 그때까지는 짐작도 하지 못했다.

그날따라 펼쳐든 성경에서 나는 다음과 같은 구절을 만났다.

'여러분이 받은 부르심에 합당하게 살아가십시오.(에페소 4.1)'

결국 나는 그에게 보낸 편지에 쓴 마지막 구절을 몸소 실천하지 않으면 안 되었다. 약속 이행을 위해 남아 도는 시간과 비교적 괜찮아 보이는 몸뚱이를 그의 행보에 실어 보내기로 결심했다. 거창하지는 않지만 소중한, 일상적이지만 운명적인 선택의 순간이었고, 거부하기 힘든 부르심에 응한 대답의 순간이었다.

당신은 부자입니까?

'박꿈' 팬클럽 활동에 적극 참여하기로 결심하고 2011년 9월 25일 일요일에 '박원순 팬 기자단 회의'에 참석하게 되었다. 사실 하루 전인가 이틀 전에 캠프 뉴미디어 팀에서 비공식적으로 뉴미디어를 통한 커뮤니케이션의 방향과, 함께할 수 있는 사람과, 아이템에 대한 부탁을 받은 터라 회의장소인 혜화동으로 가는 발걸음이 가벼웠다.

팬 기자단의 결성과 활동계획의 목적에는 이번 선거 캠프의 가장 취약한 약점과 가장 두드러진 장점이 함께 녹아 있었다.

무소속의 야권 후보, 그것도 정치 초년병에 선거 경험이라고는 찾아보기 힘든 후보와 캠프의 구성원들로서는 기존 미디어의 프레임에 편승하기란 불가능에 가까웠다. 공보 전문가가 합류해 뉴미디어 정책을 기획, 실천하는 전문 팀이 편성되고, 각종 보도자료와 매체 관리를 담당하는 사람이 있었으나 성과와 효율성에 관련해서는 미지수였다. 경선 이후 공식 선거운동 기간에 생겨났던 '잃어버린 열흘'도 이와 관계가 있었지 않나 싶다.

이번 선거 캠프의 가장 큰 의의는 자발적인 시민의 참여라고 생각했다. 하지만 그 시민의 자발적인 참여가 캠프 어느 관계자의 눈에는 사소한 뒤치닥거리만 하는 자원봉사자의 모습으로 비쳐지는 것 같았다. 시민들의 자발적인 참여야말로 원순 씨를 서울시장으로 만든 가장 큰 동력이었는데 말이다.

시민들의 자발적인 선거 참여는 시민 한 사람 한 사람이 각자 자신이 이 캠프의 주요 의사결정자라는 사실을 자각하면서 시작된 헌신적인 활동이었음을 나는 기억하고 있다. 놀라울 정도의 멋진 계획은 대부분 일반 시민들의 아이디어였고, 우리는 그것을 함께 실행하고 지켜보면서 찬사를 금치 못했다.

아무튼 팬 기자단의 활동은 다음과 같은 목적을 가지고 진행하게 되었다.

● 콘텐츠의 생산 다가오는 야권통합 경선에 대한 상황 공유, 결집을 위한 콘텐츠 생산―영상·문서·이미지 등 기타.
● 수행 기자단 후보를 수행하며 일정을 함께 소화한다. ―아직 야권통합 전이라 미디어 노출이 적었고, 노출되더라도 지지자들의 궁금증을 해소시켜 주지 못하는 현실의 극복.

● 희망 기사단 모이고 생산된 콘텐츠를 온라인상의 뉴미디어 매체를 통하거나 개인적인 방법으로 대중에게 유통·배포하고 노출.

언론이라고 하는 미디어 프레임에서 할 수 있는 취재의 행위와 편집 등의 일들, 그리고 미디어의 유통까지 팬클럽의 입장에서 진행하자는 것으로, 정말 방대한 목표였다. 30명 가까이 참여한 회의실의 열기는 가득했다. 그러나 그 뜨거운 분위기 때문에 오히려 걱정이 앞섰다. 열정은 가득하지만 전문적 영역의 사업을 이끌 수 있는 경험은 거의 전무했기 때문이다.

물론 시민운동을 하면서 작가의 길을 걷는 분도 있었고, 퇴직 이전 모 신문사의 데스크를 지낸 분도 있었으며, 영상제작과 글쓰기라면 자신 있다는 학생도 있었다. 나 자신도 회사에서 각 매체를 상대했던 홍보 담당자가 아닌가. 모 신문사에서 수습기간에 잘린 경험도 있었다. 자랑은 아니지만.

'하지만 경험이 없으면 또 어떤가. 새로운 일을 추진하는 데 열정이야말로 가장 필요한 덕목 아닌가. 위대한 일에는 반드시 열정이 필요한 법!'

우리는 원순 씨와 함께하기로 결심한 순간 이미 하나였다.

위의 세 가지 중 개인적인 입장에서 우선순위를 뽑으라면 희망 기사단의 콘텐츠를 유통하고 배포하는 일이 가장 중요하다고 생각한다. 뉴미디어의 생태적이고 기술적인 환경을 함께 이해해야 하며 전폭적으로 집중해야 가능한 일이다.

그러나 사람들의 관심은 대부분 콘텐츠 생산과 수행 기자단에 많이 쏠렸다. 나도 생각하던 우선순위와 상관 없이 수행 기자단에 지원했는데, 과제 자체가 두드러진 일이고, 후보와 긴밀하게 동행하며 캠프 일정을 전체적으로 공유할 수 있다는 생각에서였다.

처음 미팅에서 수행 기자단과 콘텐츠 생산 분야에 특히 관심을 보였던 참석자는 모두 아홉 명이었다. 우리는 조를 나누어 수행일정을 소화하고, 생생한 현장을 기록하고 편집하여 온라인 미디어에 싣자고 의견을 모았다. 기존 언론사 취재팀처럼 취재조, 취재조 캡틴, 데스크 등으로 역할을 나누고 업무를 분담하기로 했다. 이야기가 잘 풀려갔다.

그러나 결론부터 말하자면, 실제적으로는 그와 같은 조직체계는 한 번도 가동되지 못했다. 모든 일정을 시간의 분배 없이 모두 같이 동행해야만 했다. 이론과 현실은 다르다는 것을 다시 한 번 실감하는 순간이었다. 수행 기자단을 희망해 놓고는 모습을 드러내지 않거나, 하루나 이틀 동안 참여하다가 개인적인 일로 그만두는 사람들도 있었다.

처음엔 '왜 그럴까?' 하고 생각했지만 시간이 흐르면서 이해가 되었다. 엄청난 신념이나 각오로 나선 일도 아니었고, 의욕은 충만했으나 몸이(혹은 형편이) 잘 따라주지 않았던 것이다. 그러나 나는 참여한 이상 끝까지 완주하겠다고 마음을 다져 먹었다. 다른 이들에 비해 시간이 자유로운 내 형편도 어느 정도 기여를 했다. 시간이 흐를수록 끝까지 함께해야 한다는 생각은 굳어만 갔다.

미디어 콘텐츠뿐 아니라 캠페인성 아이디어들이 쏟아져 나왔다. 후보자 개인에 대한 정보를 알리는 콘텐츠 제작, 감동 스토리 수집, 후보자와의 인연 찾기, 각 지역은 물론 각계각층의 지지 인증 콘텐츠, 그리고 인터넷 사이트 배너에 넣을 캐릭터의 제작까지, 해야 할 일들이 엄청 많았다. 우리들에게서 나온 그 많은 아이디어들 중 상당수가 야권통합 경선과 실제 보궐선거 운동의 아이템으로 채택되고 실행되었다.

하지만 진짜 문제는 다른 데 있었다. 생산되는 콘텐츠의 배포는 물론 혹시 있을지도 모를 잘못된 정보나 흑색선전에 대응하는 대응문건, 그리고 온라인상의 악성 댓글 신고와 추방 등에 관한 모니터링 등은 쉬운 일이 아니었다. 많은 시간과 수고가 필요한 것은 물론 전문성마저 요구되었다.

정당에서는 필요한 인력을 채용하면 그만이지만 시민후보에게는 그를 지지하는 시민들이 전재산이다. 시민들의 전폭적인 지지를 얻는 일은 물론 그 지지를 바탕으로 무에서 유를 창조해 내는 것도 지금 생각해 보면 기적에 가까운 일이었다. 각 분야의 전문적인 실력을 갖춘 시민들이 자신이 지지하는 시장 후보를 위해 재능과 시간을 자발적으로 아낌 없이 내어놓았다.

나는 집으로 돌아와 '시민'으로서의 정치참여에 대한 나의 생각과 소회를 글로 써서 다음 카페의 게시판과 페이스북 노트, 트위터, 아고라에 올렸다. 정치적 커밍아웃인 셈이었다. 나 같은 일반 시민이 어떻게 정치에 참여하게 되었는지, 그리고 앞으로 어떤 활동을 펼칠 것인가에 관한 보고서이기도 했다. 한 명이라도 더 많은 사람들이 나의 글을 읽어주었으면 좋겠다는 바람으로 가슴이 설렜다.

내가 꿈꾸는 세상을 위하여

정치참여의 필요성, 그리고 시민후보 지지의 중요성

요즘 세상은 편가르기가 대세이다

일단 좌로 우로, 북으로 남으로, 파랗고 빨갛게, 그리고 내 편과 네 편으로 나누어놓고 시작한다. 그런 세상에 똥침을 날려주리라 다짐하는 일상 속에서도 나도 모르게 선을 그어놓고 있는 것이 사실이다. 이쪽도 저쪽도 아닌 경계에 선 사람들의 고민은 날로 깊어지고 있다.

정치는 합의된 힘의 실천행위라고 한다

냉정하게 현실적으로 풀어낸다면 정치는 범퍼카처럼 서로 좌충우돌하는 이념과 실리의 계산 속에서 공동의 최대 이익을 창출하는 합의의 행위가 선행되어야 한다. 그것은 갈등의 조정이고 서로의 양보이며, 합의된 힘에 대한 숭고한 약속인 것이다. 합의된 숭고한 힘을 이끌어냄에 있어서 진통은 필연적이다. 특히 요즘처럼 같은 방향을 쳐다보는 것 같은 무리끼리도 서로 애써 외면하고 계산하고 요구하는 세상에서는 더욱 심한 출산의 고통이 뒤따르게 된다. 어느 누구도 쉽게 해결하지 못할 거라는 우려 속에 뒷짐만 지기 십상이다. 그 모든 문제들이 초인적인 영웅이나 슈퍼스타의 등장으로 '짠'하고 해결되기를 바라는 사람들도 있다.

정치환경은 시대 상황에 적합한 리더십을 요구한다

20세기의 정치적 리더십이 영웅들의 등장으로 그들의 고유한 정치철학과 이념을 실천하는 '그들만의' 숭고한 정치적 행위였다면, 21세기의 리더십은 그러한 시대적 영웅들을 아예 기대도 하지 않을지 모른다. 성숙된 시민의식과 정보의 공유화로 인해 세상이 바뀐 것이다. 사람들은 각자 자신의 위치에서 사회의 중심축을 이루며 살고 있다. 이 시대는 총체적 이성으로 시민의식을 결집할 수 있는 정치문화 풍토를 조성하고, 시민들은 자연스럽게 정치행위에 참여하며 각자의 실천적 행위를 요구받는다. 정치적 실천은 개인의 결단이기도 하지만 사회의 요구이기도 하다.

정당 외 정치활동

정당 내 정치인들은 '현대 민주주의는 정당으로 수렴되어야 마땅하다'고 말한다. 틀린 이야기는 아니다. 하지만 그것은 그 정당의 성낙성을 시민으로부터 오롯이 부여받았을 때 얘기다. 지난 60년 동안의 유산이라고 자부하며 으스댈 것이 아니라는 말이다. 그 소리는 마치 정치 귀족계급인 '전문 정치인'의 세계에 보통 시민들은 기웃거리지 말라는 이야기와 마찬가지이다.

현재의 정당 구성이 합당하지 않고 바람직하지 않다면 정당 밖에서 시민들의 힘을 모아야 한다. 그 후 모두의 의견이 수렴되는 진정한 시민정치세력으로 성장하면 되는 것이다. 지난 20세기 정치인들이 주장한 '정당에 수렴하는 정치'와도 구색을 맞추게 된다.

보수는 부패로 망하고 진보는 분열로 망한다

썩어빠진 도덕적 잣대로 보면 보수의 자멸이 더욱 추하게 느껴지지만, 현실적 감각으로 생각한다면 진보의 분열이 더 뼈저리게 아프게 다가온다. 권력을 잡지도, 합의된 힘을 창출해 보지도 못하고 쓰러지는 것이기에 더욱 그러하다.

진보의 제일 큰 미덕은 아무래도 '다양성'의 인정과 '공존'일 것이다. 각자의 계파를 부정하지 말자. 계파간의 다양한 주장을 인정하고 소통을 통해 모두가 이익이 되는 합의를 도출하는 것이 바로 정치행위이기 때문이다. 서로의 철학과 입장이 다르다고 해서 섞어찌개처럼 마구 흔들어 뒤섞어 버릴 필요는 없다. 정의와 진정성이라는 큰 둘레의 울타리 안에서 서로의 영역을 발전시키고 설득하는 것이 통섭의 기술인 것이다.

그럼 왜 시민후보인가?

민주당에서는 박원순 후보를 두고 '무소속'이라 폄하한다. 그는 무소속이 아니다. 시민들(온라인, 오프라인 통틀어)의 추대로 이루어진 명확한 '시민후보'이다. 그럼 왜 이번 서울시장은 시민후보가 되어야 하는가? 현재 집권당이나 그를 지지하는 보수세력에 대해서는 도무지 할 말이 없다. 불을 보고 뜨겁다고 하지 차갑다고 하지 않는 것과 같은 맥락이다.

그렇다면 현재 진보적 정당이라고 하는 정당들의 면면을 살펴보자. 믿음이 가는가? 그들에게서 합의된 숭고한 힘을 이끌어낼 수 있을까? 민주당은 서민정당, 진보정당을 표방하고 있지만 거리가 좀 있어 보인다. 얼마 전 선거 때까지만 해도 '중도'를 표방하며 줄타기를 하지 않았던가. 그들이 즐겨 말하는 '60년 역사의 유산'은 '정치적 정권의 찬탈'에 있을 뿐이기 때문이다.

다른 진보정당은 어떤가? 현주소를 들여다보면 속상할 뿐이다. 자신들이 민주화 세력의 적자라고 주장하는 정당들은 해묵은 정치이념을 갖고 지금도 설전 중이고, 국민의 힘으로 집권하던 세력은 노스탤지어의 노란 손수건만 흔들고 있지 않은가?

그렇다면 박원순 후보는 완벽한가? 그렇지 않다. 그의 과수원에도 썩은 사과는 있게 마련이다. 울타리도 허술하고 허수아비도 맘 좋게 생겼다. 그런데 왜 꼭 그여야만 하는가? 그는 이미 개인 박원순이 아니라 아름다운 세상을 꿈꾸는 시민세력으로부터 합의를 통한 위임을 받았기 때문이다. 안철수 원장의 양보나 재야인사들의 지지는 말할 것도 없다. 급격하게 요동치는 금융환경에도 불구하고 연일 상한가를 치고 있는 '박원순 펀드'의 인기가 그것을 증명한다.

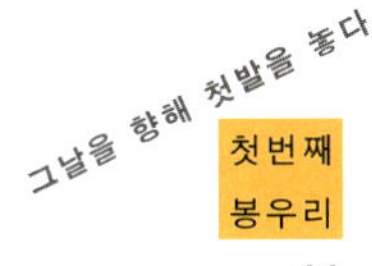

그에게 바라는 것은 기존 세력을 물리쳐 달라는 것이 아니다. 힘을 합해 하나의 목소리로 세상을 바꾸어 달라는 시민들의 메시지를 담아내 주었으면 하는 것이다.

어떻게 할 것인가?

쉽지 않은 일이다. 다음은 시민들에게 드리는 나의 제언이다.

야권통합을 위해서는 비방과 술수를 배제한 축제 같은 경선을 지향해야 한다. 당적이 없거나 기존 정당정치에 염증을 느끼고 있다면 시민후보 진영의 편에서 경선참여단에 신청하여 작은 실천의 첫걸음을 떼면 된다.

시민후보 지지모임에 가입하고 ⇨ 경선투표 참여 신청 ⇨ 확인전화 수신 ⇨ 투표 참여라는 간단한 과정을 거치면 된다. 21세기의 새로운 정치지평이 열린다. 흑색선전이나 가십 위주 기사에 이리저리 흔들리지 말고 자신이 바라는 바를 정확하게 시민후보에게 전달한다. 또 지인들과 왜 정치에 관심을 가지고 참여해야 하는지 대화를 나눠본다. 귀찮기는 하지만 아주 중요한 일이다.

알파벳 V자처럼 생긴 협곡에 두 마리의 토끼가 각각 마주보는 다른 비탈에 있었다. 그런데 한 쪽은 계속 양지로 해가 비치는 곳이고 한 쪽은 영원한 음지의 동토였다. 그러다 겨울이 와서 토끼 한 마리가 죽게 되었다. 그렇다면 여기서 문제 하나! 어느 비탈길의 토끼가 동사했겠는가? 물론 음지의 토끼다. 그런데 당신이 생각하는 이유가 아닐지도 모른다. 그 토끼는 반대편의 양지만 바라보다가 자신도 양지에 있는 줄 알고 아무런 대비도 운동도 하지 않았다. 자신이 음지에 있다는 걸 잊은 것이다.

냉정하게 잘 생각해 보라. 자신이 중산층이라고 착각하는 사람들이 많다. 옷차림이나 사는 모습 등을 아무리 흉내를 내어본들 가진 자가 되기란 쉽지 않다. 통장 잔고를 보고, 지금의 위치까지 걸어온 궤적을 돌이켜 보고, 앞으로 내 자식들이 걸어갈 길을 생각한다면 지금 당신이 서 있어야 할 곳은 꿈꾸듯 바라보는 그곳이 아니라 당신 발 끝인 것을 잊지 말자.

일종의 출사표였다. 박원순 후보와 함께, 시민 동료와 함께, 일터에 남아 있는 분들의 응원과 함께 거리로 나섰다. 이제 시작이었다.

들으려는 사람에게 투자하세요

"靑, 박원순 '경청투어' 벤치마킹… 소통 강화 지시 : 1탄은 수석회의, 2탄은 의견수렴… '뾰족수는 없다?'"

프레시안 2011. 10. 31

서울시장이 된 지금도 원순 씨는 '경청투어'를 통해 시민들의 의견을 시정에 반영하고, 반영된 정책의 결과를 확인하며 개선책을 찾는다. 물론 잘 듣고 잘 이행하는 것이 일처리의 기본일 터이지만, 새로운 기사거리로 보도하는 언론이나, 호들갑스럽게 카피하여 레프런스(reference, 참고)하라는 기관들은 그동안 무엇을 했는지 의문이 솟는다.

원순 씨와 함께한 공식일정 중 '경청투어 일곱 번째 : 비정규직의 해법, 노원구 사례를 듣는다'가 있었다. 책상머리에서 남을 시키기보다 현장주의자답게 자신이 직접 듣고 확인한 것을 정책에 반영하겠다는 원순 씨의 의지를 엿볼 수 있는 행보였다. 미더운 것은 그 행보들이 거창하거나 총론적인 것이 아니라 매우 구체적이며 각론적인 실천계획의 수립이라는 데에 있었다.

배우러 왔습니다
경청투어 일곱 번째 노원구 시설관리공단

오늘 경청투어를 하게 된 곳은 '노원구 시설관리공단'으로 '비정규직의 해법 ; 노원구의 사례를 듣는다'라는 주제로 최근 비정규직에서 직무전환이 된 공단 소속 직원과 담당자들과의 간담회였습니다.

최근 우리 사회의 최고 이슈 메이커로 떠오른 원순 씨의 첫 번째 일정 스케치는 차분한 행보로 시작되었습니다. 다른 정치인들처럼 동원된 지지자들도 없었고, 언론에게 비추기 좋은 광고성 재래시장 방문 등이 아니었기에 더욱 그러했습니다. 물론 기존 언론사들도 이들의 조용한 변화에는 별 관심이 없는 듯하였습니다. 어색한 화보용 포즈도, 요란스런 카메라의 셔터 소리도, 기자들의 후끈한 취재 열기도 없는 그런 자리였습니다.

이처럼 원순 씨의 행보는 정치적 계산기로 도저히 계산이 안 되는 일상의 채움이라 할 수 있습니다. 원순 씨와 함께 일을 해보신 분들이 다 아시듯 시간의 이기주의자(?) 원순 씨는 빠듯하게 시작 시간 정각에 맞추어 노원구 구민회관에 자리잡은 시설관리공단에 도착하였습니다. 공단 이사장, 담당 팀장과 가벼운 인사를 하며 발걸음을 재촉하였습니다. 그러나 주변의 사소함을 놓치지 않

는 그의 특기처럼 들어서는 입구에서 수위 겸 안내를 보시는 초로의 직원과 반
갑고 힘찬 악수를 나누었습니다.

‘두꺼비 하우징 – 새로운 주거환경 개선사업을 듣는다’, ‘한강 르네상
스 대책 – 전문가들에게 듣는다’, ‘성미산 마을 주민들에게 듣는다’, ‘가
계부 모임 주부들에게 듣는다’, ‘일하는 여성의 소통과 화합을 위한 나
눔 장터에서 일하는 여성들에게 듣는다’ 등의 경청투어 주제와 일정에서
알 수 있듯 그의 행보는 보여주기보다는 귀를 활짝 열고 듣기 위해서 계
획되고 실천되고 있었다. 그리고 항상 자랑하는 큰 귀로, 몸에 배인 낮은
자세로 듣고 또 듣는 행보를 계속해 나갔다.

경청이란 상대의 말을 듣기만 하는 것이 아니라 상대방이 전달하고자
하는 말의 내용은 물론이며, 그 내면에 깔려 있는 동기나 정서에 귀 기울
이고, 이해된 바를 상대방에게 피드백(feedback)해 주는 것을 말한다. 즉,
경청은 소통의 1단계에 해당하는 마음가짐이자 행동이다. 소통은 경청
하는 자세에서 시작된다고 해도 과언이 아니다.

겉멋이라고는 찾아볼 수 없는 원순 씨였다. 구부정하고 두 손을 공손
히 모은 자세로 상대의 말을 귀담아 듣는 모습은 신뢰감을 주기에 충분
했다. 그 앞에서는 자신을 무장해제시키고 하고 싶은 말을 하는 사람들
이 많았다. 귀를 열고 있다고 무조건 경청이 아닐 것이다. 이야기하는 사
람의 마음을 헤아리고 최대한 이해하려는 마음이 바로 경청일 것이다.

시장이 되자마자 원순 씨는 노원구의 사례를 중심으로 컨설팅 용역을 실시하여 2012년부터 서울시 소속 비정규직 직원을 정규직으로 전환한다고 발표했다. 기분 좋은 소식을 접하면서 원순 씨와 함께하는 노원구 시설관리공단 경청투어가 다시 생각났다.

"비정규직의 문제는 개인의 일상뿐 아니라 미래 설계가 달린 문제입니다. 가정과 사회의 안정에 대한 문제이며 이는 곧 고용의 새로운 창출과 직결된다고 생각합니다. 노원구의 사례는 대단한 일입니다. 복제 가능한 사업이고 이것을 다른 서울시 지역과 지방자치단체에도 확산하도록 해야겠습니다."

원순 씨는 이와 함께 용역의 청렴계약제나 시민옴부즈맨 제도 도입 등을 제안했습니다. 원순 씨는 그의 별명인 '소셜 디자이너'답게 복제하여 재생 가능한 '소셜 솔루션'을 디자인하려는 꿈으로 다짐하며 자리를 마무리했습니다. 원순 씨는 꿈에 관한 한 욕심쟁이입니다.

용역에서 기간제 계약직으로 전환된 올해 예순이 넘은 한 직원은 "시장이 되시면 희망을 주시리라 믿습니다. 꼭 희망을 주세요"라고 말하며 의미 있는 응원을 보냈습니다. 요란하지 않지만 원순 씨의 경청은 많은 사람의 희망을 담아 오고 있습니다.

2011. 9. 27
희망기차의 동행 스케치

경청투어는 그간 '소셜 디자이너'로서 꼼꼼히 챙겨두었던 일상과 생활 속의 아이디어들, 그리고 보다 행복한 자치행정에 대한 철학과 잘 버무

려져서 9월 30일에 '새로운 변화, 진정한 변화를 위한 박원순의 희망 약속'이라는 공약 초안으로 발표되고, 향후 야권통합 경선 후의 공식 선거 일정에서 정식 정책공약으로 발표하기에 이른다.

박 원 순 의 희 망 약 속

'희망 서울' 공약

- 집 걱정 없는 서울 프로젝트
- 착한 일자리 만들기 프로젝트
- 영세상인 · 자영업자 생생(生生) 프로젝트
- 대학생 응원 프로젝트 등

'혁신 서울' 공약

- 한강 르네상스 사업 전면 재검토
- SH공사 사업구조 혁신
- 독립된 검증기관, 서울시 공공투자관리센터 설립
- 투명한 정보공개, 서울시 정보소통센터 설립 등

'안심 서울' 공약

- 아마존(아이들이 마음껏 다닐 수 있는 공간) 프로젝트
- 서울 응급 콜 앤(&) 클리닉 네트워크 구축

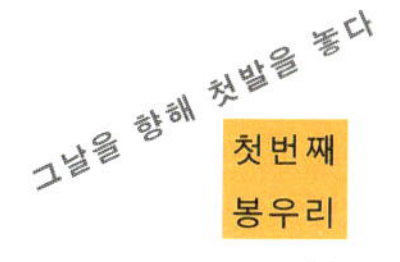

● 재해에 강한 서울, 미안(미리 안전)합니다 등

선거운동 초기라고 할 수 있는 이 시기에 원순 씨와 희망캠프는 또 하나의 전환점을 맞게 된다. 법정 선거비용 38억 8,500만 원이 문제였다. 저축은커녕 부채만 있는 원순 씨의 재정상황에 비추어볼 때 자력으로 선거비용을 준비하기는 불가능했다. 선거법에 따르면 정식 후보등록 이전에 후원회를 통한 선거비용 조성도 금지되어 있었다.

"'꿩 먹고 알 먹고, 도랑치고 가재잡고.'

약간의 수익을 올리며 바쁘신 분들을 위한 현실참여 방법 : 서울시장 선거를 위한 펀드를 소개합니다. 상환받을 수 있고 10만 원부터 자유적립이네요. 물론 정치 후원금도 가능합니다. 참조해 주세요."

http://www.popfunding.com/seoulfund 박원순 펀드

박원순 펀드 참여 독려
SNS 메시지

시민들의 자발적인 정치참여 일환으로 법정 선거자금을 마련하기 위해 펀드 모금을 시작했다. 나의 인생창업 종잣돈을 만드는 마음으로, '박꿈' 회원들은 자신은 물론이고 지인들에게 펀드에 참여할 것을 권유했다. 경제적인 여유가 있는 분들에게는 정치성향에 따라 조금씩 다른 설명을 곁들여 설득하고 권유했다. 세상을 바라보는 시각이 비슷한 지인들에게는 간접적인 정치참여라 독려했고, 중도적 입장에서 관망하고 있는

지인에게는 밑져야 본전 이상인 펀드에 ‘투자’의 개념으로 설득했다.

오랜 세일즈 경험에 비추어볼 때 이것은 ‘생떼’에 가까웠다. 하지만 ‘willing to pay^(구매의욕)’의 추출활동이 바로 세일즈가 아니겠는가. 그들이 이 나라의 미래를 위해 참여했든, 박원순 개인에게 매료되어 경의를 표했든, 아니면 권유하는 지인에 대한 신뢰의 표현이었든 결론적으로 대박이 나는 장사였다. 개설 47시간 만에 6천 명에 가까운 시민들이 참여했고 목표액을 상회했다.

소중한 쌈짓돈을 보내주신 어르신부터 선거권이 없는 학생들까지 사연들은 가지각색이고 간절했으며, 연령층도 다양했다. 서울 토박이는 물론이요, 우리나라의 정반대쪽에 있는 남미 대륙에서 송금해 온 이도 있었다. 서울시민이 아닌 사람들이 서울시장 선거에 어떤 식으로든 참여하고 싶다는 간절한 의사표현이기도 했다. 나중에 보니 바로 그 설득이 주효했다. 박원순 펀드는 대성공이었고, 경선 룰의 수용 등으로 한 차례 홍역을 치른 원순 씨에게는 힘이 되는 일이었다.

펀드가 마감된 9월 28일 저녁에 희망캠프의 지인으로부터 전화가 왔다. 펀드 조기마감 기념으로 펀드 가입자들과의 번개 미팅을 주선하면 어떻겠냐는 제안이었다. 한 배를 탄 이상 주저할 이유가 없었다. 유명인을 섭외하기 어려운 관계로 내가 직접 번개 공지를 띄웠다. 원순 씨의 일정에 맞추어 9월 29일 정오 세종문화회관 계단에서 만나기로 했다.

이벤트에는 항상 날씨라는 변수가 도전해 오기 마련이다. 선거기간 중 비가 내린 날이 2~3일 정도밖에 안 되는 것으로 기억되는데, 바로 그날

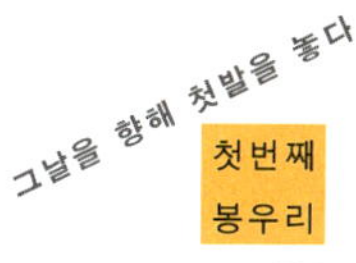

박원순 펀드
www.wonsoon.com
9월 26일

비가 내렸다. 장소를 세종홀 지하의 빵집으로 변경했다. 비 때문인지 생각만큼 많은 사람들이 모이지 않은 가운데 원순 씨가 도착했다. 그가 감사의 인사를 전하다가 눈물을 흘렸다. 다시 한 번 원순 씨의 인간적인 면모를 확인하는 순간이었다.

"이 장소를 어떻게 아시고 잡으셨어요? 이 장소가 바로 안철수 원장이 아름다운 양보를 한 자리예요. 이번 펀드의 조성은 돈이 모인 것이 아니라 시민들의 염원과 욕구가 모인 것이라고 생각해요. 그리고 경선 룰 등에 대해서 말이 많지요? 저는 이렇게 생각합니다. 작은 것을 버리면 작게 얻고, 큰 것을 버리면 크게 얻고, 모든 것을 버리면 모두 얻는다고 생각해요."

경선 룰(국민 여론조사 30%, 텔레비전 토론 배심원 평가 30%, 국민참여 경선투표 40%)의 조건 없는 수용에 대한 간접적인 답변인 셈이었다. 한편으로는 그의 행보가 앞으로 얼마나 고단할 것인지 스스로 예상하고 있는 것처럼 보였다.

이 일로 온라인과 오프라인은 첫 번째로 요동치는 내부 풍랑을 맞이하게 된다. 내부 풍랑의 파고는 생각보다 높았다. 그리고 외부의 모진 공격보다 상처가 더 컸다. 풍랑은 그칠 기미가 보이지 않았다.

모든 것을 버리면
모두 얻는다

아무리 야권 단일화를 위한 것이라고는 하나 실제 보궐선거의 전초전이었기에 말도 많고 탈도 많았다. 어느 정도 예상한 것이기는 했지만 그 수위가 너무 높았다.

민주당 진영에서는 원순 씨에 대한 '검증'의 칼을 뽑아들었고, 우리 쪽 지지자들은 처음 겪는 일에 어쩔 줄 몰라 우왕좌왕하기 시작했다. 그런 외중에 방송 3사의 텔레비전 토론이 9월 30일 오후 3시부터 진행되었다.

원순 씨는 성실한 자세로 토론에 임했지만 사실 뭔가 부족한 듯한 자리였다. 시원시원하고 과단성 있는 모습으로 비쳐져야 하는데, 너무 신중하다 보니 답답해 보였다.

공식적인 평가는 '생각보다 잘했다!'였지만 사실 지지자는 물론 캠프 당직자, 그리고 일반 시민 모두 아쉬움이 많이 남는 토론이었다. 살아오면서 이미 굳어진 그의 공손한 화법과 태도에서 여타 후보자들이 보여주는 패기와 자신감을 발견하기란 어려운 일이었다. 그것은 또 급히 며칠 준비한다고 해서 가질 수 있는 것도 아니었다. 상대가 공격적으로 나오면 나올수록 그 상대는 수세에 몰리는 것처럼 보여지게 마련이다. 나는 특히 지지자들이나 시민들의 반응이 궁금했다.

당일 SNS는 물론 다음날 주요 언론의 머리기사를 살펴보니 주어는 '박원순'이 지배적이었다. 당시 경선 상대인 박영선 후보가 내밀었던 '검증'의 질문을 중심으로 머리기사가 뽑혀 있는 것은 물론, '노무현 전 대통령 탄핵 관련 발언(원순 씨가 2007년 CBS와의 인터뷰에서 노무현 대통령 탄핵은 노 대통령이 권한을 남용한 탓이라고 말했다는 주장. 그런 말을 한 적이 없음으로 밝혀졌음)', '안철수 바람에 편승', '재벌 후원금 논란' 등 박영선 후보의 네거티브성 공격에 초점이 맞춰져 있었다. 원순 씨의 답변과 사실에서 벗어난 일방적인 네거티브 공세에 대한 비판 기사도 없는 건 아니었지만, 언론의 '의제설정' 기법인 헤드라이닝에 있어서는 박영선 후보의 완승이었다.

텔레비전 토론 등 언론매체와 관련해서 많은 부분의 연구와 노력이 필요하다는 결론은 내려졌지만, 판은 이미 벌어졌고 시간이 부족한 것이 안타까울 따름이었다. 무소불위의 권력을 가지고 왜곡보도를 일삼는 언론은 정말 넘기 어려운 벽이었다.

수확도 있었다. 이번 선거의 키워드라고 할 수 있는 '변화와 바람'의 조짐이 이때부터 강하게 감지되었다. 깨어 있는 시민들이 많다는 사실도 큰 힘이 되었다. 현명한 시민들은 언론의 장난질에 꿈쩍도 하지 않았다. 생방송을 못 본 시민들은 '다시보기'나 인터넷 스트리밍을 통해 토론 내용을 점검하기도 하고, 토론 내용을 객관적으로 전달한 스크립트를 참조하기도 하면서 나름대로의 판단을 하고 있었던 것이다.

그렇다. 시민들이 달라졌다. 그들은 무엇이 옳고 그른지 정확하게 판단하기 위해 스스로 정보를 모으고 분석하고 비교했다. 정확성과 객관성의 면에서 시민들이 한 수 위였다.

게다가 왜곡과 편파로 방송을 일삼는 기존 언론에 대한 반발로 '나는 꼼수다(이하 나꼼수)'가 화려하게 등장했다. 팟 캐스팅이었다. 야권 단일후보 통합경선 관련 '나꼼수' 녹음시의 후일담도 전해지긴 했으나 아름다운 승복으로 아름답게 가려질 수 있었다. '나꼼수'의 등장은 선거판에도 활기를 불러왔다. 못 먹는 술에 힘들어 하는 신입생에게 선배가 '흑기사'를 자청한 것 같은 효력을 가져다 주었다. 천군만마의 힘을 얻은 것과 다름없었다.

이 시기 시민들 사이에서, 특히 온라인 공간에서 주요한 움직임이 포착되었다. 뉴미디어인 트위터가 바로 그것이다. 트위터에 자신의 의견을 개진하는 젊은이들이 많아지면서 트위터리안의 숫자도 급격히 늘었다. 가히 'SNS 혁명'이라고 할 만한 현상이었다.

이들의 움직임과 함께 '팬 기자단'의 열성적인 활동, 지지자들의 자발적인 참여가 더해져 선거 열기는 갈수록 뜨거워져 갔다. 무뚝뚝하기 짝이 없는 나의 옛 직장 선배도 트위터에 다음과 같은 글을 올렸다.

"사람들이 희망을 갖는 게, 희망을 갖게 하는 게 (희망제작소...이름도 잘 지었지...ㅋ)
무서운가봐~ 그 사람들...쯧쯧..."

낮에는 후보를 수행하고 밤에는 글을 써서 올리는 생활이 계속되었다.
일정을 끝내고 엉덩이를 붙이면 밤 여덟 시나 아홉 시 정도였고, 그 후
귀가를 하거나 각자의 사무실에 남아 온라인에서 구축된 전선을 지키느
라 날밤을 새우기 일쑤였다. 신기한 것은 그런 강행군에도 피곤하지 않
았다는 사실이다. 오히려 즐거웠다.

팬클럽 '박꿈'에서는 야권단일 통합경선단 신청과 참여를 독려하기 위
해 다음과 같은 격문을 온라인에 게시했다.

서울시장에서 시민후보가 야권통합후보로 가는 길

1

달리기 대표선수 뽑자는 데 줄다리기로 뽑자고 하네요. 그것도 사람들 불러
모을 시간도 없이 당장 하자고 하네요. 줄다리기로 하자고 하는 쪽은 항상 무리
지어 다니는 덩치 좋은 친구들이에요. 누가 이길까요?

2

긴 설득 끝에 줄다리기와 달리기를 모두 해서 뽑자고 하네요. 그런데 우리가
뽑을 대표는 마라톤 종목인데 100미터 달리기해서 판가름하자고 하네요. 누가

이길까요?

3

아이들 무상급식 투표로 인해 서울시장 자리가 비었다고 해요. 그래서 무상급식 투표 반대를 공식적으로 열심히 한 정당조직에서 저 자리는 내 것이라 침 발라놓았다고 해요. 그런데 말이지요. 그 정당조직원들은 무상급식이 왜 필요한지는 잘 이해하지 못하고 있는 것 같아요. 단지 침 발라놓은 자리가 탐나는 것 아닌가 싶네요.

4

지금의 정치와 사회를 혼란시킨 정권을 정리해야 하지요. 공동의 목표 맞지요. 하지만 그보다 더 중요한 이유가 있어요. 우리가 서울시장을 새로 뽑는 것은 현재 정권에 대한 정치적 심판이 아니에요. 전 시장이 '시장으로서의 시장 일'을 하지 않았기 때문이지요. 우리는 정치인이 필요한 것이 아니라 서울시를 돌아오고픈 고향으로 만들 시장이 필요한 것이에요. 그런 의미에서 정권찬탈이 목적인 정당조직이 다시 서울시장직을 맡는다면 그 정당이 서울시정을 위해 헌신할까요? 아니지요. 내년 총선, 대선의 의석 수와 정권교체를 위한 교두보로, 베이스 캠프로 이용하려고 할 것이에요. 그래서 우리는 시장선출에서 기존 정당 정치인을 경계해야 하는 것이에요.

이번에 시민의 힘으로 만든 후보에게 투표하는 것조차 어렵다면 다음 대선이나 총선에서 안철수 혹은 제2의 안철수를 기대할 수 없지요. 그들을 주저하게 만드는 선례를 남기는 것이 되지요. 그뿐일까요? 문재인, 한명숙은 어떨까요? 좌 · 우, 강북 · 강남 가르지 않고 시민과 국민을 대변할 정치세력이 주저앉게 되겠지요.

6

지금 같은 야권 단일후보 경선방식이면 무조건 돈과 조직이 많은 정당조직이 이기게 되지요. '여론조사 30 : 국민패널투표 30 : 국민참여 경선 40'으로 진행한다고 하면 무조건 정당조직을 가진 후보가 선출될 수밖에 없지요.

1) 국민참여 경선의 경우 경선참여 희망시민을 무제한 모집하여 모집단을 확보합니다. 그 후 세대별 비율을 고려하여 무작위로 추첨해 선거인단을 선출한 후 현장투표를 하게 되지요. 다시 말하면 각자 지지자가 많이 모이면 모일수록 선거인단 참여의 확률이 높아지는 것입니다.

2) 선거법상 180일 전부터 투표일까지 '동원'에 대한 공식적인 코멘트나 광고, 홍보를 온라인이나 오프라인에서 불특정 다수를 대상으로 할 수가 없습니다. 그렇다면 공식 당원조직이 있는 정당조직의 당원 연락은 법의 테두리를 벗어날 뿐만 아니라, 어제 연습삼아 자체 경선을 통해 사람들을 모아 보았으니 민주당 입장에서는 너무 쉬운 일이지요.

3) 현재 민주당 서울시 당원은 30만 명, 허수를 빼고 보수적으로 보아도 20만 명. 원순 씨 진영의 자체 팬클럽은 2,000명, 그것도 아주 어그레시브(공격적 으로)하게 보아서 2,000명. 비율로 보면 100 : 1이지요. 산술적인 통계로 보 면 국민경선에서 민주당이 득표할 수는 99.1%, 원순 씨의 비율은 0.9%. 여 기에 심정적인 기적의 변수를 더한다 해도 최대 80 : 20이지요. 그렇다면 40% 비율의 경선에서 32 : 8로 접고 들어가는 경쟁이 되지요. 나머지 패 널과 여론조사(60%)에서 17 : 43의 우위를 가져와야 승산이 있습니다. 그 런데 패널투표(30%)는 거의 15 : 15의 박빙이 예상되므로, 결국 여론조사 (30%)에서 2 : 28로 우세를 보여야 합니다. 그 말은 여론조사에서 93.4%의 만장일치에 가까운 지지가 일어나지 않으면 불가능하다는 것입니다.

7

그렇다면 어떻게 해야 하지요?

모여야 됩니다. 그리고 적극적으로 참여해야 합니다. 선거법상 가입해라 등록 해라 권유하지 못하지요. 단지 아래 시민후보 원순 씨 지지 팬클럽에 가입하시 면 친절한 안내를 받을 수 있다고 해요. 일단 가 보시고 판단하시고 행동하시는 것만이 서울시를 바꾸고 이 사회를 바꾸는 첫걸음이 될 것이에요.

그 외중에 많은 사람들을 만났지만 그 중에서도 특히 소중한 만남을 갖 게 되었다. 개인적인 정치적 소신으로 원순 씨를 열렬히 지지하고 응원해

준 한 시민과의 만남이었다. 그는 동행기록을 남기는 일에도 열심이었다. 참여정부의 탄생부터 원순 씨의 당선까지 소신대로 자신이 할 수 있는 일이라면 마다하지 않고 적극적으로 일했다. 결국 이런 분들의 열정과 헌신 덕분에 우리는 우리가 원하는 사람을 새 시장으로 세울 수 있었다.

세상을 바라보는 눈이나 정치의식이 올바로 세워진 것도 큰 수확이지만 '좋은 사람들'을 많이 만난 것이 내게는 가장 값진 선물이었다.

국민참여 경선인단에
신청하세요

2011년 10월 1일, 서울시장 보궐선거를 위한 야권 단일후보 통합경선을 앞두고 짧은 연휴가 시작되었다.

선거 열기는 절정에 달했다. 한나라당을 위시해서 입에 담기도 힘든 저속한 네거티브 공세가 이어졌다. 민주당도 이미 해명된 의혹에 대해 지속적인 노이즈를 생산하고 있었다. 조·중·동은 '박원순 대세론'을 내세워 한바탕 축제 같은 시민경선의 열기를 식히려고 안간힘이었다. 그들은 민주당의 결집을 은근히 독려함으로써 저들로서는 눈엣가시인 원순 씨의 정치권 입성을 막기 위해 온 힘을 기울였다.

"탄력 받은 '박원순 대세론' 1라운드 승리로 유리한 고지"

중앙일보
2011. 10. 01

10월 1일 공개된 TV토론 배심원 조사에서는 박원순 시민후보가 54%, 박영선 민주당 후보가 44%, 최규엽 민주노동당 후보가 1.5%를 각각 얻어 원순 씨가 일단 앞서고 있는 형국이었다. 하지만 소개한 격문에서 보듯이 텔레비전 토론에서의 10% 정도 차이는 국민참여 경선에서 충분히 뒤집힐 수 있는 결과였다. 한 치 앞을 알 수 없는 상황이었다.

원순 씨는 꿋꿋하게 시민과의 밀착 스킨십을 시도하며 경청투어 행보를 계속했다. 기자들이 몰려들어 플래시를 터뜨리든 말든 상관 없었다. 누구 보라고 하는 이벤트성 행보와는 거리가 멀어도 한참 멀었다. 정치적으로 계산된 표를 다지기 위한 행보가 아니므로 수행하는 입장에서는 조금 답답할 때도 있었다. 하지만 원순 씨는 눈도 꿈쩍하지 않았다.

'상식과 원칙'에 근거한 그의 느림보 민생행보는 본격적인 선거운동 기간에도 계속되었고, 결과적으로 신뢰를 얻는 계기가 되었다. 그는 선거운동과 시민의 목소리 수렴이라는 두 마리 토끼를 잡게 된 것이다.

캠프 내부나 지지자들 사이에서도 '아마추어리즘' 운운하면서 잇속을 따지지 않는 그의 행보를 답답해 하는 사람들도 있었다. 수행하는 통신사 기자와 공식 사진촬영 기사마저도 수행비서진에게 서툰 훈수를 둘 정도였다.

원순 씨의 경선 이전 행보 중 가장 바쁜 날도 매우 인상적이었다. 새벽부터 시작된 시민과의 만남이 끝없이 이어졌는데, 지역과 계층 상관 없이 모두를 아우르는 다양한 만남이었다.

유권자들 중 최연소 그룹인 대학생(한양대학교 유니브엑스포)부터 최고령 그룹

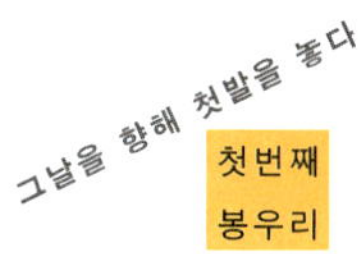

인 어르신들(제4회 노인영화제), 그리고 단식을 하며 지역 사안과 관련해 농성하는 주민(당인리 발전소 관련)을 만나고, 근처 와우북 페스티벌(매년 10월에 홍대 앞 주차장 거리에서 벌어지는 도서축제) 현장을 찾아 시민들의 이야기에 귀기울였다.

토요일은 언론사, 특히 지면지의 휴일입니다. 다시 말하자면 토요일의 행보는 언론에 노출되기 어렵다는 이야기입니다. 정치인은 물론 일반 사회에서도 토요일의 이벤트는 언론의 주목을 받지 못하고 대중들에게 알리기에 어려움이 따릅니다. 단, 그 만남의 진정성에 대한 충실도는 높아지겠지요.

시월의 첫날, 원순 씨의 행보는 다채롭고 바쁘고 버겁기까지 했습니다.

1. 아침 북한산 등산객과 만남의 시간.
2. 성북경찰서를 방문해 '반값 등록금' 집회현장에서 연행된 12명의 대학생들 면회.
3. 뚝섬 아름다운 나눔장터를 방문하여 시민 판매자와 구매자들을 만남.
4. 전철로 한양대로 이동. 새로운 창업으로 그들만의 일자리를 추구하는 '유니브엑스포'를 방문하여 각 부스를 격려하고 대학생들과의 간담회를 진행.
5. 홍대 앞 주차장 거리 와우북 페스티벌 방문.
6. 예정에 없던 '당인리 화력발전소 이전대책위원장 단식농성장'을 방문해 주민들의 고충을 듣고 단식 중단을 권유.

7. 서대문 청춘극장에서 열린 '제4회 서울노인영화제'를 방문해 황혼에 창작열을 불태우시는 어르신들과 대화.

8. 마지막 일정으로 문래동의 '물레 아트페스티벌 2011'에서 시고제를 함께하고 유스유니온 모금 공연 즐김.

그의 바쁜 행보는, 물론 유권자를 의식하지 않은 건 아니겠지만, 잘 살펴보면 다양한 계층을 모두 만나려는 노력이 보입니다. 그만큼 이 서울에는 다양한 사람과 다채로운 계층이 공존하고 있습니다. 저마다의 꿈과 희망, 그리고 체념과 절망이 교차하는 삶이 진행되고 있는 것입니다.

최연소 유권자인 대학생으로부터 최고령 70세 이상의 어르신까지, 단식농성하며 절규하는 시민으로부터 일자리 창출을 위한 축제에서 환호하는 청춘까지, 바쁜 일상에서 잠시 놓여나 산에 오르는 사람부터 예술을 일상 속으로 최대한 끌어들이는 예술가까지 저마다의 꿈과 희망이 있습니다. 그리고 고뇌도 있습니다. '만파식적' 같은 만병통치적 정치공약보다는 함께 나누는 치유의 마음으로 하는 시정을 바라봅니다.

"함께 꾸는 꿈은 현실이 됩니다."

이 기간 동안 캠프는 물론 팬클럽도 정말 정신없이 바빴다. 긴박한 하루하루였다. 조직도 없고 돈도 없는 현실이 원망스러울 때도 있었다. 지지자들의 도움에는 한계가 있었다. 선거법과 관련한 여러 사항들은 정당 밖의 시민후보에게 불리한 조건들이 더 많았다. 우리가 할 수 있는 것은 각자 스스로가 알아서 한 번 더 움직이고 노력하는 것뿐이었다.

"1688-1003 : 국민참여 경선인단 신청 전화번호"

국민참여 경선인단 신청 독려에 총력을 기울였다. 우리들 모두가 그 일에 매진할 수밖에 없었다. 그만큼 중요했다. 팬클럽에 게시된 10월 1일~3일까지 사흘 간의 행동지침을 보면 '박꿈' 회원들이 시간을 어떻게 보냈는지 알 수 있다.

뜻을 함께하는 분들을 최대한 경선투표인단에 신청하도록 하고, 경선인단에 선발되지 않은 분들의 경우 여론조사에서 제대로 응대할 수 있도록 공지하고 당부하는 일들로 하루하루를 보내고 있었다. 캠프의 어떤 당직자는 이 시기에 본인들의 조직적인 움직임을 자화자찬하기도 했다. 깨어 있는 민주당원의 전략적인 투표가 좋은 결과를 낳았다고 이야기하는 사람도 있었다. 하지만 이번 서울시장 보궐선거의 일등공신은 누가 뭐라 해도 바로 '일반시민'들이었다.

우리가 바라는 선거의 모습은 모두가 함께하는 축제의 장이었다. 함께 뜻을 나누고 성과를 나누는 것만큼 기쁜 일도 없을 터였다. 경선인단 선정시에도 인증한 후 함께 홍보하고 기쁨을 나누었다. 재미 있는 선거였다. 시민들이 주최가 되어 자발적으로 움직이니, 누구에게는 끝도 없이 들어가는 선거자금 때문에 곤혹스러울 선거가 축제의 장으로 바뀐 것이다.

1. 아! 왜? 시민의 정치참여인가?

현대사회에서는 국민의 개념보다는 시민의 개념이 더욱 부각된다. 국민이 국가에 대한 총체적, 대승적 동의에 대한 결집이라면, 시민은 각 개인화된 성향에서의 요구와 조건의 합의집단인 것이다. 그래서 대선이나 총선만큼 지방선거도 중요하다.

한반도의 의제는 더 이상 이념 싸움으로 인한 주적 방어도 아니며, 허리띠를 졸라매며 편입해야 할 세계시민으로서의 위상도 아니다. 한반도 시민사회의 의제는 바로 '잘 먹고 잘사는 것'이다. 그것도 '모두가 잘 먹고 잘사는 것'이다. 지나친 경쟁과 독식은 이 세상 재화의 총량마저 감소하게 만든다. 기회의 나눔과 극빈·소외계층에 대한 적극적 복지는 재화의 총량을 원상회복시킨다. 이것이 현대 시민사회의 나아갈 길이다. 만약 아직도 이념의 논쟁과 세계화의 망상에 빠져 있다면 바로 이 글을 접어주시라. 그 분들은 야권·시민 통합경선에 참가하지 않으셔도 무방하다.

2. 아! 왜? 야권에서 시장이 나와야 하는가?

긴 이야기는 구차하다. 다섯 살 훈이의 흔적을 보라. 디자인 서울과 르네상스라는 명목으로, 88올림픽 시대의 토건기술을 앞세워 이 도시를 콘크리트로 덧칠해 버렸다. 이는 만들어 놓은 건설생산물의 가치도 없으며, 그것을 위해 조성

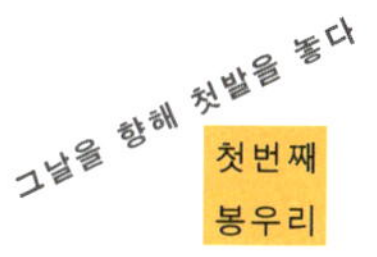

된 기술적 가치도 전무하다. 그는 시장의 직위로 본인의 정치적 지위향상을 위한 스펙 쌓기에만 일념했던 것이다. 이미 셀프로 탄핵한 자에 대하여 이야기하지 않겠다. 그 사람이 그립거나 안타까운 분들은 이 글을 접어주시라. 10월 26일에 등산이나 해외여행을 가서도 좋다.

3. 아! 왜? 시민후보여야 하는가?

아직도 시민후보를 무소속이라 폄하하는가? 그럼 앞의 글(1번)을 다시 한 번 읽어보시라. 우리들의 시민후보는 엄격한 심사를 통해 시민연대들의 추대를 받은 명실상부한 '시민후보'이다.

정치적 의사 표현 행위인 선거를 통해 크게 세 가지의 결단을 보여줄 수 있다. 그것은 의제에 대한 가부를 결정하는 전체 투표(국민투표, 시민투표)이고, 또 하나는 대의민주주의에 입각한 의회구성을 위한 의원선출의 투표가 있으며, 마지막으로 행정의 수반이나 자치단체장을 선출하는 투표가 있다. 우리는 이 세 가지 투표에 대한 당위성과 역학관계를 잘 읽어야 한다. 일단 국민투표나 시민투표에 대한 논의는 의제의 타당성에 달려 있으므로 논외로 한다면, 정치적 성향과 정치적 의제설정을 위한 선거는 총선과 대선 및 자치단체장 선거로 구분해 볼 필요가 있다.

의정활동에 있어서 의석의 확보는 매우 중요한데, 정당정치로 수렴되는 것이 합리적이고 효과적이다. 정당은 의석 확보를 통한 의정활동에 총력을 다하는 것이 본연의 임무라고 할 수 있다. 그렇다면 자치단체장의 선출이 꼭 정당정치로 수렴되어야 할까? 대답은 '반드시'는 아니라는 것이다.

대한민국은 삼권분립으로 정치와 행정세력의 견제와 균형을 통해 정치행정적 결단을 한다. 다시 말해, 의정활동을 통해 정당으로 수렴하되 정당 안에 대안이 없는 정치구조라면 그 정당들을 견제할 수 있는 대안을 충분히 결정할 수 있다. 그리고 지금이 그럴 때이다.

민주당은 60년 된 전통과 유산을 이야기하지만 잘 생각해 보시라. 그 전통이 아름답고 자랑스러운 것인가? 군부독재를 타파하고 최초 직선제를 얻었을 때 그들의 선배들은 무엇을 유산으로 남겼는가? 이합집산을 반복하며 쇼쇼쇼를 방불케 하는 버라이어티 쇼를 몇 번이나 보여주었는가? 야권 대표를 표방하는 정치인의 모태적 DNA가 진보이고 친서민적인가? 그렇다고 대답하시는 분들은 이 글을 다시 읽어주시라. 그리고 가슴에 손을 얹고 마음으로부터 나오는 목소리를 들어보시라.

4. 아! 그래서! 무엇을 해야 하는가?

다음의 마음가짐으로 행동해 주시기를 간곡하고 간절히 부탁드린다.

- 서울시장 선거는 다음 대선과 총선을 위한 워밍업이자 선수조건이다.

- 현재 한나라 등의 여당세력에 이 서울을 맡길 수는 없는 노릇이다. 도돌이표는 지겨우니까.

- 그렇다고 아무 반성 없이 숟가락 얹고 가는 민주당에게 생선을 맡기는 것은 너무나도 위험한 일이다. 생선을 지켜낼지, 날름 물고 다른 곳으로 도망갈지 우리는 장담 못한다. 역사가 증명해 왔다.

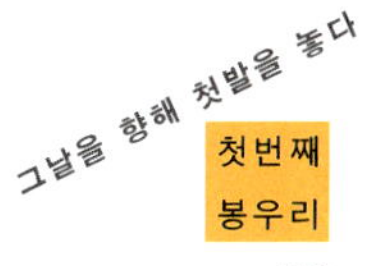

- 조직도 세력도 없는 시민후보의 한계는 당신이 한정하고, 당신이 넓혀가는 것이다. 당신의 참여가 그 한계를 무너뜨릴 것이다.
- 민주당이 이번 기회에 시정을 시민후보에게 아름답게 양보하고 의석확보에 최선을 다한다면 다음 총선에서 10석 이상의 추가 의석을 얻을 것이고, 역사상 길이 남을 존경받는 다수정당으로 자리매김할 수 있다.

1) 경선참여인단에 신청하시라 : 1688-1003으로 전화하거나 http://www.win2011.or.kr 에 접속하시면 된다.

2) 경선참여자로 선정되거나, 패널토의 투표자로 선정되거나, 여론조사자로 운 좋게 '당첨'되시면 주저 말고 '시민후보 원순 씨'를 지지하시라.

3) 그리고 10월 3일 역사의 장이 열리는 출발선에서 걸죽한 뱃노래로 출항굿을 즐기자.

그날, 신명나는
잔치를 벌이다

2011년 10월 3일, 야권 단일후보 경선의 마지막 단계인 국민참여 경선의 당일 아침이 밝았다. 투표는 아침 7시부터 저녁 7시까지 장충체육관에서 진행되었다. 전날 민주당에서는 당대표가 각 지역당을 순방하며 총동원령을 내렸고, SNS를 통한 열성 민주당원의 결집 모습이 눈에 띄었다. 언론은 조직력에서 월등히 앞서는 박영선 민주당 의원의 압승을 예견했다. 이날 적어도 국민참여 경선에서 60 : 40 정도의 격차를 벌여 최종적으로 시민후보 원순 씨를 쉽게 따돌릴 것이라는 의견이 지배적이었다.

결정적인 순간에는 우리가 모르는 어떤 극적인 힘이 작용하는 것을 다시 한 번 확인하게 되었다. 간절한 바람이 현실로 구체적인 모습을 드러내는 인생의 놀라운 순간!

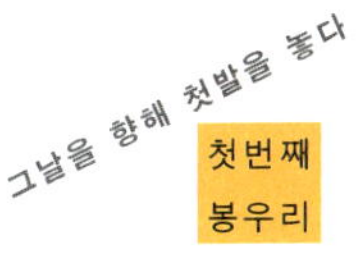

뜬눈으로 밤을 새고 아침 일찍 장충체육관으로 향했다. 다행히 경선인단에 선정되어 떨리는 마음으로 한 표를 행사했다. 2층으로 올라가 투표소 앞의 전경을 내려다보았다. 절망적이었다. 젊은이들은 찾아볼 수 없었고, 등산복 차림의 어르신들과 양복을 곱게 차려 입은 중·장년이 대부분이었다. 게다가 아침 투표 개시부터 함께 투표 독려 피케팅과 투표 인증샷 이벤트를 벌이기로 한 팬클럽 회원들의 모습은 약속시간이 훨씬 지나도록 보이지 않았다.(사실은 내가 약속시간을 착각했던 것이다.)

'아…… 이게 현실이구나. 정당정치가 그래서 무서운 것이구나.'

혼자서 나는 수십 번 체념하고 절망했다.

승합차들이 속속 도착하며 사람들을 토해냈다. SNS에서는 '동원'이 의심되는 일들에 대한 제보가 이어졌다. 여러 가지 돌아가는 일들로 봤을 때 8 : 2 정도로 우리가 불리한 상황이었다.

@CWOOsr 야권 단일후보 선거가 박빙의 상황으로 되면서 우려하던 동원 선거가 본격화되고 있습니다. 민주당 강서구·영등포구에서 경선인단에게 전화를 해 오후 1시, 3시 관광버스에 탑승하라는 안내 제보가 이어지고 있습니다. 그 버스는 '망신버스'가 될 겁니다.

정당의 조직력과 자금력은 정말 우습게 볼 게 아니었다. 국민들의 신뢰를 얻지 못하는 정당에 대한 가벼운 우월감이 내 속에 있었는데, 막상 마주하고 보니 그들의 힘이란 장난이 아니었다. 시민후보 측과는 비교할

우리
손으로
만드는 희망

희망의
바람에서
변화의
로
우리
손으로
만드는 희망
희망
의
승리
애매해진
서울을
리해주는
자

수 없는 인적·물적 자원으로 무섭게 치고 들어왔다. 내가 할 수 있는 일은 아무것도 없었다.

불법현장이라도 잡아볼 요량으로 카메라를 메고 여기저기 돌아다녔다. 의심되는 차량들을 선거관리위원회 담당자에게 제보해 보았으나 그뿐이었다.

피를 말리는 시간이 지나자 밤을 새워가면서 우리가 만든 피켓들이 도착하고, 이벤트로 준비한 '바람개비'도 왔다. 시민회원들도 하나 둘 모여들기 시작했다. 멜 깁슨이 출연한 〈브레이브 하트〉라는 영화의 전투장면이 생각났다. 300명의 스파르타 정예병들이 수백만의 페르시아 대군과 맞서 싸우는 영화 〈300〉의 장면이 오버랩되기도 했다. 수줍지만 우리는 밤새 만든 피켓을 치켜들고 바람개비를 접어 준비한 탁자에 붙였다. 그리고 그 바람개비를 가슴에 달고 '희망의 바람'을 부르기 시작했다. 우리의 절절한 바람이 바람으로만 그치지 않고 현실 속에서 이루어지기를 간절히 소망했다.

"희망의 바람에서 변화의 태풍으로!"
"우리 손으로 만드는 희망!"
"바람은 조직하는 것이 아니라 불어오는 것이다!"
"이 바람은 멈출 수 없다!"
"애매해진 서울을 정리해 주는 남자!"

청년 회원들이 머리를 맞대고 직접 제작한 문구들은 선거가 끝난 이후에도 가슴에 남았다. 하드보드에 색상지를 오려붙이고, 물감으로 쓰고 그린, 조금은 민망한 수준의 피켓들이었지만 자랑스럽게 들고 흔들었다. 현수막도 현수막답지 않은 예쁜 파스텔 색상의 글귀들이라 눈에 잘 들어오지 않았다. 아마추어들의 열의는 현실 속에서 많은 허점을 노출시켰다. 우리가 가진 건 '진심' 하나였다.

준비한 피켓 중에 '시민', '시장', '남자'가 포함된 문구는 선거법 위반이어서 사용하면 안 된다는 지적도 받았다. 알 수 없는 것투성이였다. 할 말은 많았으나 '꽃으로도 사람을 때려서는 안 된다'는 회원들의 의지와, 혹여 원순 씨에게 불이익이 돌아갈까 하는 마음에 순순히 따랐다.

사실 며칠 전부터 이날을 시민 축제의 장으로 만들어보자는 제안들이 올라왔고 다양한 의견들이 제시되었다. 나눔장터를 만들어 가족들이 머물다 갈 수 있는 진짜 '장날'로 만들자는 얘기부터, 작은 공연들을 함께 하면서 난장을 벌이자는 얘기까지 다양했다.

또한 이제까지 정해지지 않은 시민후보의 캐릭터나 컬러, 그리고 슬로건에 대한 의견도 분분했다. 단체로 옷을 맞춰 입자는 말도 있었는데 선거법 저촉과 시간의 촉박함을 이유로 접게 되었다. 대신 원순 씨의 상징이 된 백팩을 메고 투표소로 오자는 것과 '바람개비'를 상징적으로 달고 오자는 의견으로 좁혀졌다. 상징색은 모두를 아우르는 무지개색이 좋을 것 같다는 의견이 압도적이었다.

그래서였는지 오후부터는 백팩을 둘러메고 투표소로 향하는 사람들이 눈에 띄게 많아 무척 반가웠다. 심지어 어떤 젊은 학생은 빈 백팩을 달랑달랑 메고 오기도 했다. 백팩 매출이 늘지 않았을까 하는 기분 좋은 추측을 해보기도 했다.

시민후보의 키워드였던 '바람'을 담은 '바람개비'도 많은 관심을 끌었다. 나중에 유세현장에서의 바람개비는 원순 씨와 시민의 정치참여라는 희망의 메시지로, 야권이 단결해 보여준 순수한 열정과 무지개 연합의 상징으로 사용되게 되었다. 준비해 온 바람개비를 부모와 함께 온 아이들에게 나누어주다 보니 금방 동이 나 현장에서 새로 제작해야 했다. 이렇듯 우리의 간절한 '바람'은 정말 '바람'이 되어 민주당이 말하는 '이상한 조짐'으로 불어오고 있었다.

해피
바꿈
투표 인증샷 놀이

‘[경선투표 현황] 투표소는 절망적입니다. 현재 2 : 8 정도로 열세라고 합니다. 다들 투표소로 향합시다.’

아침 일찍 경선투표에 참여하고 직접 ‘인증샷 놀이’를 위해 투표소에 머물고 있던 조국 교수가 자신의 트위터로 절박한 심정을 호소했다. 트위터를 통해 나누는 메시지는 상당한 효력을 발휘했다. 점심시간이 지나자 약속이라도 한 듯 전철역 입구에서부터 올라오는 사람들의 숫자가 눈에 띄게 늘어났다. 투표소를 찾는 사람들의 발길이 끊이지 않았다. 젊은 연인들, 친구들, 그리고 유모차를 끌고 오는 가족 단위의 발길이 늘어났다. 분위기가 호전되자 팬클럽 회원들은 감시 모드를 접고 경선을 신나는 잔치로 만들자고 의견을 모았다.

잔치는 투표 마감시간이 가까워 올수록 절정을 향하고 있었다. 시간이 흘러도 줄어들지 않는 선거인단의 발걸음, 그리고 우리와 함께한 유명인들의 메시지와 인증샷이 분위기를 한껏 돋우었다.

소설《도가니》의 영화 개봉으로 인해 바쁜 시기를 보내고 있음에도 공지영 작가는 투표소를 찾아 투표를 하고 시민들과 함께 인증샷을 찍었다. 그뿐 아니라 계획에도 없던 사인회가 급조되었다. 책의 홍보와는 아무런 상관이 없었다. 체육관 앞 주차장 자리에 급하게 마련된 간이책상과 의자에 앉아 강하게 내리쬐는 햇볕을 그대로 맞으면서도 조금도 찡그리지 않고 사인을 해주었다. 투표를 하러 들렀다가 공지영 작가를 보고 줄을 서는 시민도 있었고, SNS로 확인하고 부랴부랴 책《도가니》를 사들고 달려온 학생도 있었다. '함께하는 마음'이란 불편함도 잠시 망각하게 해주는 것 같았다. 시민후보와 동행하는 시민의 한 사람으로서 너무나 고맙고 가슴 뭉클한 모습들이었다.

잔치 분위기가 무르익을 대로 무르익어 가고 있던 오후 또 다른 구원군이 나타났다. '나는 꼼수다'의 김어준 총수가《닥치고 정치》출판기념 사인회를 굳이(?) 장충체육관 앞에 펼쳤던 것이다. 지지는 하는데 직접적인 말과 행동으로 표현하는 데는 몸을 사리는 지식인들의 모습과는 대조적이었다. "쫄지 말자!"는 그의 슬로건처럼 거칠 것이 없는 행동력을 그는 몸소 보여주고 있었다. 큰 영향을 미쳤을지 단언하기는 어려우나 김어준 총수를 보기 위해 많은 분들이 찾아온 것도 사실이었다.

국민참여 경선의 마감시간이 다가오고 있었다. 신기한 광경이 벌어졌다. 마치 수능 시험장에 아슬아슬하게 입장하는 수험생들처럼 휴일 근무와 나들이를 마치고 늦지 않기 위해 달리는 시민들, 누구의 지지자인지는 모르겠으나 달리는 사람을 무조건 응원하는 함성도 높았다. 그들은 쑥스러움으로 붉어진 얼굴을 감추며 투표장에 들어섰다.

신라호텔 입구에서 가벼운 막걸리와 다과를 즐기던 민주당 열성당원들이 늦은 시간까지 투표소에 젊은이들의 발길이 끊이지 않는 것을 보고 긴장하고 동요했다고 한다.

나는 이때쯤 승리를 확신했다. 최종 경선결과 발표를 듣기 위해 장충체육관 안으로 들어서면서 떨리는 중에도 '이겼다!'는 생각이 들었다.

"국민참여 경선을 포함한 최종 결과 박원순 후보가 52.12%를 얻어 야권 단일후보로 선출되었습니다!"

박영선 민주당 후보가 45.57%, 최규엽 민주노동당 후보가 2.28%였다. 이날 박영선 민주당 후보는 51.08%(9,132표)로 1위를 차지했고, 원순 씨는 46.36%(8,279표)로 2위를 차지했다. 열성 지지자들이 봐도 예상을 뛰어넘는 선전을 펼친 것이다. 최종 국민참여 경선에서 5%이내로 격차를 좁힌다는 것은 사실 상상도 하지 못했다.

그날 경선관리위원장의 공식발표가 떨어지기 무섭게 장충체육관에 자리한 팬클럽 회원들은 환호성과 함께 자리를 박차고 일어섰다. 큰 박수로 원순 씨를 환호하면서 서로의 노고를 치하했다. 그렇다. 우리가 이겼다. 하지만 이것이 시작에 불과하다는 것도 잘 알고 있었다. 승리의 기쁨을 만끽한 지 얼마 되지 않아 앞으로의 여정에 대한 걱정이 슬그머니 고개를 들었다. 그도 그럴 것이, 당일 국민참여 경선 종료 마지막을 얼마 안 남겨 둔 시간에 팬클럽 사람들 간에 작은 충돌이 일어났기 때문이다.

투표 마감을 앞두고 장충체육관 주차장 2층 난간에서 '박원순'을 연호하는 구호가 등장했다. 구호의 제창과 피케팅 등에 대해서는 일찍이 선거관리위원회에서 금지사항이라는 유권해석을 내리며 엄중히 경고했다. 그럼에도 일부는 당당하게 현수막을 펼쳐들고 구호를 연호했다. 캠프 당직자에게서 문자 메시지가 왔다.

'현수막이 보이면 안 되고 피켓이나 구호를 자제시켜 주세요. 경선관리위원회에서 강한 경고가 왔습니다.'

원순 씨의 팬들이 모여 만든 자발적인 모임인 '박꿈'에 운영진이나 책임자가 있을 리 없었다. 하지만 엄연한 팬클럽인 만큼 공동회의 방식으로 모임이 운영되고 있었다.(이 운영체제는 지금까지 유지되고 있다.) 선거운동 경험은 없지만 원순 씨에게 마지막까지 티끌만큼이라도 흠집을 남겨서는 안 되었다. 다급해진 나는 그들에게 현수막, 피켓의 회수와 구호의 자제를 부탁했다. 그러나 반응은 뜻밖이었다.

"쟤, 뭐니? 촌스럽게…… 이렇게 해도 되거든요!"

"누군데 하라 마라 나댑니까? 아마추어들처럼……."

수군거림 정도가 아니었다. 큰소리의 항의였다. 이 상황을 지켜보던

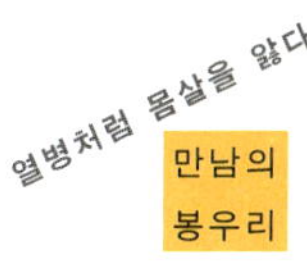

회원들이 거들어 주었지만 별 소용이 없었다. 함께 목청을 높여서는 안될 것 같아 물러설 수밖에 없었다. 나중에 안 이야기지만 그들은 특정 정당 지지자들이었고, 이번 서울시장 선거에 시민후보를 지지하기로 당 차원의 결의가 있었기에 참여한 분들이었다. 같은 후보를 지지하면서도 방법에서 생각이 다른 부분들이 있다면 힐난이나 비난보다는 대화로 이야기를 풀었으면 좋았을 것이다. 아쉬움이 남는다.

원순 씨를 지지하는 회원들은 정말 정치 경험이 없거나 일천한 사람들이 대부분이었다. 그러니 어찌 실수가 없었겠는가. 그들의 인생에서 한첫 번째 정치행동이 이번 서울시장 보궐선거인 사람들도 많았다.

그들 모두 원순 씨를 믿고 의지와 열정만으로 새로운 세상을 경험하려니 어려움이 많을 수밖에. 시민들이 직접 참여하는 생활정치의 길도 결코 쉽지는 않았다. 하지만 그만큼 보람된 시간이었다. 고된 '신고식'이 끝났나 생각했더니 그것이 '시작'이었다.

"이제 막 모습을 드러낸 새 시대는 돈이 없는 제게 자금이 되어주었고, 조직이 없는 제게 시스템이 되어주었고, 공격을 당하는 제게 미디어가 되어주었습니다. 수평적 네트워크, 자발적 참여, 진심의 협력, 쌍방향의 소통, 연결되는 지성, 저는 이것을 '사람을 향한 공감과 동행의 캠페인'이라고 부르고 싶습니다."

원순 씨의 후보 수락 연설은 우리를 감동시키기에 충분했다. '사람을 향한 공감과 동행의 캠페인'에 가장 먼저 손을 내민 것이 바로 나라는 사실이 흐뭇했다. 그것으로 충분했다. 사람들의 아픔과 노력을 인지하고 공감해 주는 정치인, 그것이 바로 우리가 바라는 정치인의 모습이 아닌가!

　나중에 이 모든 것을 자신들의 고도로 계산된 전략과 추진력 때문이라고 자화자찬하는 한 야권의 당직자도 있었지만, 내가 보기엔 그 누구의 공도 아닌 시민들의 힘이 보여준 쾌거였다.

　경선 후 팬클럽의 온라인 게시판에 민주당을 지지하는 분들도 그런 식의 글을 남겼다. 전략투표의 결과라 함은 광역단체장의 자리를 시민후보에게 내어주어 대승적인 양보를 하고, 대신 그 쇄신의 이미지로 다음 총선에서 다수의 의석을 확보한다는 정치공학적인 계산에 의한 투표라는 이야기였다. 그럴 수 있다. 그것이 아주 유효하게 작용했을 수도 있다. 하지만 분명한 것은 나꼼수 때문이든 민주당의 전략적인 투표든 간에 직접 시민들이 스스로 발길을 옮겨 투표소로 왔다는 사실이다. 이번 경선은 누가 뭐래도 시민의 의지로 만들어낸, 시민의 힘을 보여준 한판 명승부였다.

일상으로 돌아갈 수 없었다

"이 행복은 평화롭기 때문에 성립되는구나. 그렇군,

이거 선거 꼭 참여해야겠네. 부탁이다. 높은 어르신들,

더욱더 평화롭고 좋은 나라로 만들어줘."

— 후루야 미노루 《시가테라》 중에서

서울시민 여러분, 저는 오늘 새로운
시대의 문을 두드립니다.
박원순은 분노와 좌절의 문 뒤에
있는 희망과 변화의 새로운 문을

서울을 만들라는 시민의 요구를
이에 받는 자리입니다.
그간 민주당 입당에 대해 많은
기울 했고 많은 말씀을 들었습

승리의 열망으로
다시 서다

"지금 뭐하고 있냐폰… 축 늘어져 백수 본연의 임무에 충실히 잉여하고 있습니다. 오늘은 일단 이러고 있을랍니다. 찾지도 마시고, 전화도 마시고… 걍 냅두세유…ㅎㅎ"

"배달된 잡지가 서너 권… 읽을 책이 여러 권… 써야 할 것들이 산더미… 할 일은 태산 : 그래서 오늘은 잠잔다."

경선 후에 지지자들, 팬클럽 회원들, 캠프 당직자들과 간단한 자축 모임을 마치고 늦게 잠자리에 들었다.

2011년 10월 4일 아침, 위와 같은 트위터를 날리며 나는 일상으로 복귀했다. 홀가분했다. 일반 시민인 우리가 할 수 있는 일은 마쳤다고 생각했다. 조직도 자금도 아무것도 없는 시민후보가 야권 단일후보가 되었

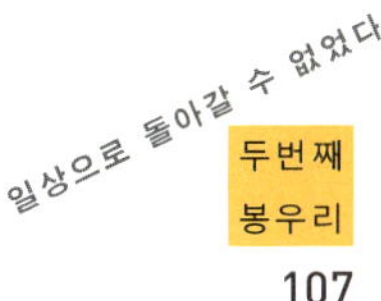

으니 이제 전문가들이 나서야 할 때라고 막연하게 생각했다. 우리는 회의를 통해 입장을 정리했다.

- 공식적인 선거운동은 야권통합 캠프에서 조직적으로 잘 움직여 줄 것이므로 캠프를 믿고 우리는 일상으로 복귀한다. 물론 최대한의 지지를 보내는 것은 변함 없다.
- 지지자로서 할 수 있는 일이 무엇인가? SNS에서의 메시지 전달을 위해 자원봉사자 명단을 확보하고 운영을 도모한다.
- 각 지역 선거조직이 결성될 것이므로 팬클럽 내부에서도 지역모임을 활성화하여 지역 유세와 선거운동에 동참하고 지지한다.
- 투표참여가 실제 당락의 관건이 될 것이므로 투표 독려를 위한 아이디어 수집과 활동계획을 수립한다.

그렇다고 해서 두부모 자르듯이 일상과 일이 분리되는 것은 아니었다. 일단 동행하기로 한 수행일정을 함께하면서 기존 언론이 다루지 않는 이야기들을 수집해 지지자들과 나누려고 했다. 그리고 원순 씨가 취약한 강남 3구에 거주지와 예전 직장 주소지를 둔 개인으로, 지인을 중심으로 이곳에서 선거운동을 해보아야겠다는 가벼운 생각을 가지고 하루의 휴식을 보내고 있었다.

그를 돕기 위해 내가 할 수 있는 일은 하면서 그동안 돌보지 않았던 건강도 돌보고, 슬슬 나의 생활로 복귀하겠다는 나의 이러한 다짐은 그냥 다짐으로 끝나고 말았다. 선거가 본격적으로 나의 발목을 잡은 것이다.

이 선거는 내 속에 이미 깊숙이 자리를 잡고 있었고, 승리를 염원하는 욕구가 누구보다 컸다. 또한 상대 후보 측에서 사상 최악의 '네거티브' 공세를 퍼붓는 등 차마 눈 뜨고 볼 수 없는 선거판이 펼쳐지는 등 외부적인 영향도 무시 못했다.

상대방은 여러 세력의 통합으로 이루어진 원순 씨의 소위 '매머드급 연합 캠프'를 실전의지나 역량이 떨어지는, 체중만 많이 나가는 노쇠한 투사 정도로 여기는 것 같았다. 사방에서 몰려오는 거센 물살은 지지자와 팬클럽 회원들마저도 흔들어놓았다. 지금도 생각하면 우리가 순진하고 무능했다기보다 상대의 공세가 그만큼 악랄하지 않았나 싶다.

10월 7일, 원순 씨의 서울시장 보궐선거 공식출마 선언과 함께 발표한 '무소속' 결정이 있기 전까지 온라인 게시판은 전쟁을 치르고 있었다. 원순 씨의 경선 통과로 인해 다음 카페와 페이스북의 팬클럽 모임 회원은 빠른 속도로 늘어나기 시작했는데, 회원이 늘어나는 것은 반가운 일이었지만, 저마다의 입장과 바람이 너무 달라서 다른 요구들이 서로 충돌하는 것은 어쩔 수 없었다.

먼저 기호 '2'번에 대한 의견이 찬반격론의 형태로 온라인을 뒤덮었다. 민주당에 입당해 민주당 프리미엄인 2번을 받아 확실한 승리를 해달라는 측과, 2번은 절대 안 된다며 중립적인 시민후보로 무소속 출마하라는 반대측의 열띤 공방이 이어졌다. 민주당, 민주노동당, 국민참여당, 진보신당, 창조한국당, 혁신과 통합 등의 시민사회 세력, 국민의 명령 백만민란, 촛불운동 참여 시민단체 등과 각 개인인 시민들까지 저마다의 목소리를 내고 있었다. 게다가 해외 사례를 참조하여 온·오프라인을 아우르는 새로운 정당조직을 주장하는 무리까지 나왔다. 원순 씨가 달고 나올 '기호 논쟁'조차도 간단치 않았다.

나는 평소 정치에 크게 관심이 없었고, 확고한 정치철학이 있는 것도 아니어서 나의 입장은 이런 것이라고 내세울 수도 없었다. 또 한 가지, 게임은 우리편과 하는 게 아니라 상대편과 승부를 겨루는 것이라는 생각도 있었다.

지지자라고 하면서 의견이 사분오열되는 그 시점에 한나라당에서는 '네거티브'의 기조를 굳히고 있었다.

이미 야권통합 후보로 결정되기도 전인 9월 29일, 무늬만 무소속인 어느 국회의원이 다짜고짜 보도자료를 통해 아름다운 재단 기부금에 대해 의혹을 제기했다. 재벌기업들로부터의 협찬과 국제적 먹튀세력인 론스타로부터 7억 6천만 원을 기부받았다는 내용이었다. 정제된 공격은 아니었지만 깨끗한 시민후보의 이미지에 치명적이 될 수도 있는 네거티브 공세였다.

론스타라는, 기업윤리에 심각한 문제를 가진 집단과 거래관계가 있었다는 사실은 정확한 내용을 떠나서 아쉬움이 남는 부분이다. 시민단체가 후원금을 받는 일에도 금융전문가나 기업전문가 등의 도움이 필요한 부분이 있으며, 이들의 재능기부가 있었으면 좋겠다는 생각이 든다. 실제로 아름다운 재단은 이 일로 큰 타격을 받게 되었고, 취약계층을 지원하던 사업도 어려움에 처했다고 한다. 앞으로는 이런 사례로 후원금이 줄어드는 일은 없었으면 좋겠다. 후원금의 수혜자가 바로 가난하고 소외된 사람들이기 때문이다.

근거 없는 흑색선전은 계속되었다. 오죽하면 '숨은 공로 3인방'이라는 명예(?)로운 타이틀까지 세 분이 거머쥐었겠는가. 제 무덤을 스스로 파는 줄도 모르고 개인의 야심을 위해 정치인생을 건 그들의 모습은 많은 이들을 분노하고 실소케 했다.

그전 야권단일화 선거기간 동안 민주당이 보여준 행태도 사실 크게 다르진 않았다. "여야 할 것 없이 정치인은 똑같다"는 소리가 왜 나오는지, '늙은 정당'이라고 평가받는 이유는 무엇인지 스스로 알고 개선했으면 하는 바람이다. 민주통합당이라는 이름으로 여러 세력들이 통합된 이 시점이 구태를 없애기에는 가장 적절한 시기일 것이다.

국민참여 경선을 하루 앞둔 10월 2일, 임태희 대통령 실장은 원순 씨를 겨냥하여 '대기업 기부금'과 관련된 발언을 했다. 그의 발언은 대기업의 기부행위가 순수한 의도가 아니라면 문제가 있다는 취지인데, 이는 대기업의 사회적 나눔과 이익의 환원을 강조하는 현 정권의 입장에 반하는 것으로 매우 위험한 발언이었다. 아름다운 재단은 결국 보수단체들로부터 고발당해 겪지 않아도 좋을 어려운 일들을 치르고 있다.

그 정도는 시작에 불과했다. 이후 이어지는 원순 씨의 병역 의혹, 부인의 사업체, 딸의 법대 전과, 학력과 관련한 어처구니 없는 의혹에 후보는 물론 캠프와 지지자들마저도 정신을 차릴 수가 없었다. 졸렬하고 유치하기 짝이 없는 흑색선동이었지만 그 효과는 대단했다.

이 시기부터 팬클럽 및 지지자들은 SNS는 물론 각종 온라인 포털 게시판 등의 관련 기사에 대한 모니터링 및 적극적인 해명을 시작했다. 캠프에서도 공식 사이트인 원순닷컴에 '원순 씨에 관한 오해와 진실―그게, 이렇지요'라는 꼭지를 만들어 사실을 밝히고 적극적인 방어를 시작했다.

문제는 원순닷컴은 관심 있는 사람들만 찾는 블로그 플랫폼 기반의 사이트여서 방문자가 한정되어 있으며, 신문이나 방송처럼 방어 내용의 적극적이고 즉각적인 배포와 확산이 불가능하다는 점이었다. 할 수 있는 방법은 SNS를 통한 메시지의 지속적인 생산과 전달, 검색순위를 높이기 위한 콘텐츠의 게시 등이었는데, 이는 모두 기술적인 코칭과 노력이 필요한 작업들이었다.

전문가가 필요했다. 팬클럽 회원 중 전문지식을 가진 분이 자원하여 관련 사항을 점검하기 시작했다. 그리고 진보적인 생각을 가지고 활발한 활동을 하던 팬카페의 회원이 그 분야를 직접 챙기기 위해 캠프의 스태프로 들어갔다. 우리는 느긋한 일상의 꿈을 버리고 다시 뭉쳐 전열을 가다듬었다.

원순 씨는 이 시기에도 흔들림 없이 그가 계획한 '경청투어'를 계속했다. 사람들의 다양한 욕구와 의견을 듣고 메모하고 생각을 정리하며 앞으로 앞으로 나아갔다.

오늘 원순 씨 행보의 주제는 '여심(女心) 헤아리기'였습니다. 한국가정법률상담소 창립 55주년 기념식, 살~림 여성정치 창립마당, 이희호 여사 예방, 여성인권영화제 관람 등 이 사회에서 가장 중요하지만 정치적으로 소외당하는 여성들의 마음을 헤아리고 함께하고자 하는 발걸음이었습니다.

'원순 씨가 여성이나 가정을 얼마나 이해할까?' 하는 의구심이 들지 않으시나요?

원순 씨는 준비된 남자였습니다. 한국가정법률상담소 초창기 운영시에 원순 씨는 자원봉사로 상담변호사 역할을 했습니다. 그것도 야간에 상담봉사를 했다니 참 그답습니다.

이룸센터에서 이어진 여성정책전달식에서 원순 씨는 뜻밖의 이야기를 털어놓았습니다. 소위 말하는 커밍아웃이었습니다.

"사실 전 여성입니다. 어버이연합이 아름다운 가게 앞에서 시위할 때 '박원순 이년, 빨리 나와!'라고 하더라고요. 제가 여성이 되었지 않겠습니까?"(일동 박장대소)

그렇게 하면서 그는 여성들에게 되물었습니다.

"제가 맞지 않는 옷을 입고 있지 않나 걱정했습니다."

여성회원들이 이구동성으로 "아니오, 잘 어울려요"라고 대답하자 그는 지난 며칠을 되새기듯 이야기했습니다.

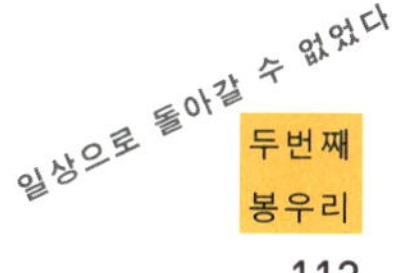

"시대의 변화, 새로운 정치를 요구하고 있습니다. 세상의 염원은 강물처럼 흘러갑니다. 비록 어울리지 않는 것처럼 보이는 옷이더라도 제대로 입고 꿈을 실현하겠습니다. 그래서 정치를 본격적으로 하리라 다짐했습니다."

'옷걸이의 착각'이란 말이 있습니다. 옷걸이가 자신에게 걸려 있는 옷을 보고 자신이 옷이 된 것처럼 착각을 한다는 내용입니다. 제복을 걸고 있으면 자신이 군인이라 생각하고, 의사 가운을 걸치면 의사라 생각하며, 값비싼 슈트를 걸치면 마치 부자가 된 것 같은 착각…….

하지만 원순 씨가 입은 옷은 시민들의 꿈의 천으로, 염원의 실 땀으로, 희망의 바느질로 한 땀 한 땀 만든 옷일 것입니다. 그 옷이 더럽혀지지 않게 항상 응원하고 지지하고 비판적 조언을 아끼지 말아야 하는 이유이기도 합니다.

이날 원순 씨는 '잘 어울리지 않는 옷'에 대해 언급했다. 시장 당선 후 팬클럽 모임에서도 언급한 말이었다. 자신의 정치참여에 대해, 서울시장 출마에 대해 그는 항상 스스로에게 질문하고 있었다. 그렇게 많은 지지자들에 둘러싸여서도 우쭐해 하거나 자만한 모습을 보여준 적이 없다. 그를 따라다니면 다닐수록 진국이라는 생각이 들었다. 묘한 매력도 있었다. 막연한 호감으로 시작된 그와의 만남이 이런 구체적인 만남으로 이어질 거라고는 생각도 못했다. 사소한 행동 하나하나에도 의미와 철학이 담겨 있다는 것을 알고는 점점 더 그가 좋아졌다.

10
박원순

그는 시장 후보가 되기 전에 시민단체 활동가로 유명했지만 인권변호사로서의 역량도 만만치 않았다. 역사학자 이이화 선생의 《역사를 쓰다》라는 자서전에 보면 청년 박원순이 우리 역사 바로세우기에 일찍부터 관심을 가지고 공부하고 후원을 게을리 하지 않았다고 나온다.

변호사 개업 후 인권변호사로서의 행보가 시작되자마자 우리 역사 속의 수많은 공안사건과 인권 관련 사건 속에 그가 있었다. 선거 후 전 MBC 앵커 신경민도 말진기자(막내 기자를 지칭) 시절에 보았던 그의 모습을 생생하게 기억하고 있었다. 그는 말보다 몸소 행동으로 말하는 행동주의자이고, 그것을 자랑하기보다는 말 없이 다음 행동으로 옮기는 사람이었다.

10월 5일, 바쁜 일정 속에 허겁지겁 해치우기 일쑤인 점심식사 시간에 원순 씨와 짧은 이야기를 나눌 기회가 생겼다. 보통 후보의 일정을 개인의 자격으로 수행하는 희망 기자단은 캠프의 공식 협조를 받기 어려웠고, 여러 가지로 조심스러운 것이 사실이었다.

공식일정 중에는 후보자가 유권자나 행사 관계자와 더 많은 이야기를 편하게 나눌 수 있도록 멀찍하니 물러나 있거나 동선을 살폈다. 차량 이동이나 식사시간, 아니 약간의 짬이 날 때도 원순 씨와 이야기를 나누기란 쉽지 않았다. 그런데 옆 식탁에 앉아 밥을 먹는데 원순 씨가 다가온 것이다. 그는 10월 3일 경선에서의 행복했던 느낌과 너무 빡빡한 일정이 힘들다는 인간적인 소회를 털어놓으면서, '민주당 입당과 기호 2번'에 대해 이야기를 꺼냈다. 공식입장 발표 전날이라 더욱 조심스러워 보였다.

"시민들이 민주당 입당에 대해 어떻게 생각해요?"

말을 하려는 순간 옆에 있던 동료가 내 팔을 툭 쳤다. 혹시나 우리의 답변이 부담으로 작용할까봐 걱정하는 그의 마음을 읽을 수 있었다. 망설이는 사이 원순 씨가 입을 열었다.

"전 정당으로 들어가는 것이 지금의 시점에서는 맞지 않는다고 생각해요. 경선 때 보여준 시민들의 의지가 그것이 아니었나 해요. 민의와 대의를 따르고 결정할 테니 기다려 주세요."

그는 고맙다는 인사를 남기고 밥이 나온 자신의 테이블로 돌아갔다.

원순 씨는 항상 시민을 생각하고 있으며, 그들의 생각을 알고 싶어 질문을 서슴지 않는 사람이었다. 시민들의 바람이 무소속 출마라면 아무리 큰 어려움이 예견되어도 그에 따르겠다는 자세가 확고해 보였다.

가까이서 그의 모습을 보고 나는 좀 더 열심히 움직이자는 다짐을 했다. 우리 팬클럽 및 지지자들이 '친정'이 되어주어야 되겠다는 생각도 들었다. 당당한 시민후보이자 인간 박원순을 보다 많은 사람들에게 알리고 싶다는 바람은 이후 나의 동력이 되었다.

실제적인 목소리를
좀 더 들어야 해요

2011년 10월 6일은 크고 작은 뉴스들이 많았다.

미국 시간으로는 10월 5일, 애플의 창업자 스티브 잡스가 병마와 싸우다 타계했다는 소식이 들려왔다. 국내에서는 프로야구의 페넌트레이스가 마감을 하고, 성적에 따라 떠나는 감독과 해외에서 일정을 마치고 돌아오는 해외파 선수들의 거취 결정이 있었다.

정치권에서는 야권단일화 후보 경선 결과에 대한 책임을 지고 당 대표직 사퇴를 선언했던 민주당 손학규 대표가 사퇴를 취소하고 선거대책위원장을 수락했다는 소식도 들려왔다. 또한 이날 저녁 행해진 MBC 100분 토론에서는 한나라당의 저격수를 자처하며 나경원 후보 선대위 대변인을 맡았던 신지호 의원의 그 유명한 '음주토론'이 있었다. 결국 이 사건으로 인해 '음주지호'라는 불명예스런 별명을 얻고 그는 대변인직에서 물러났다.

　서울시장 보궐선거와 관련해 야권 내부에서는 이른바 기호 논쟁, 즉 원순 씨의 민주당 입당이나 무소속 출마냐를 두고 여전히 시끄러웠다. 나경원 후보는 '생활특별시'를 내걸고 친서민적 후보의 면모를 보이기 위한 행보를 시작했다. 선거 공식차량으로 경차를 이용하겠다며 직접 시범운전하는 장면을 연출하기도 했다. 물론 그 이후 잽싸게 승합차 리무진으로 이동, 일관성 있는 모습을 보여줌으로써 사람들의 따가운 질타를 받기도 했지만 말이다. 또 '1일 1공약'이라는 슬로건 아래 하루에 한 가지씩 공약을 발표하고 있었다. 내용으로는 오세훈 전 시장의 정책을 그대로 가져다 쓴 것도 있었고, 그저 공약을 위한 공약으로 제시된 것도 많았다.

　그러나 경험이 많은 여전사답게 그는 노련해 보였다. 집권 여당의 열렬한 지지 속에 이루어지는 그의 행보는 원순 씨의 그것과는 달라도 많이 달랐다.

　공약에 대한 원순 씨의 생각은 평소의 생각과 별로 다르지 않았다. 지난 시민사회활동 중에 모았거나, 시정 및 국정 운영에 관련한 프로젝트를 진행하면서 모았던 여러 정책성 아이디어를 현장에서 직접 검증하는 것이 우선이었다. '경청투어'라는 이름으로 시민들을 직접 만나 고충과 바람을 듣고, 조금 더 실현 가능성이 있는 현실적인 정책수립을 위해 사람들에게 보여지는 형식적이고 외적인 부분들은 배제시켰다.

　여러 가지 뉴스가 쏟아져 나와 시끄러웠던 그날 원순 씨는 '경청투어'

의 일환으로 사회적 기업의 CEO들을 만났다.

'박원순의 직업은?'이라는 나꼼수의 김어준 딴지일보 총재 질문에 원순 씨는 '소셜 디자이너'라고 대답했습니다. 김어준 총재가 바로 '박원순의 직업은 박원순이다'라고 재정의하기는 했지만 원순 씨는 사회를 바꾸는 소셜 디자이너의 원조로 잘 알려져 있습니다. 바로 그런 원순 씨의 최대관심사이자 최근 사업의 성과물이며, 가장 공들인 사업들이 사회적 기업의 활성화가 아닌가 합니다.

열두 번째 경청투어는 '사회적 기업'을 경영하는 경영자들의 이야기를 귀담아 듣는 시간이었습니다. 사회적 기업에 대한 가치의 소중함과 그 의미에 대해서는 여러 언론이나 기타 자료를 통해 익히 알고 있지만, 실제적으로 지원되는 부분의 미흡함으로 매우 어려움을 겪고 있습니다. 그러한 실제 경영의 목소리를 듣는 자리였습니다.

첫 번째로 방문한 곳은 '행복을 나누는 도시락'이라는, 결식아동에게 급식 외의 끼니를 배달해 주는 도시락 제작 배달업체입니다. 중구 신당동의 구부러진 골목에 위치한 이곳에서는 오늘 저녁 끼니를 챙기지 못하는 아동들에게 제공할 석식을 만들고 있었습니다

직접 조리과정에 참여해 본 뒤 원순 씨는 사회적 기업 CEO와의 간담회가 열리는 '해피 바게트'로 자리를 옮겼습니다. 이곳에서 사회적 기업 연구의 전문

가답게 여러 이야기들에 대한 실제적 토의와 질의답변이 이루어졌습니다.

"공급자(서울시) 중심에서 수요자(사회적 기업) 중심으로 정책이 바뀌어야 합니다."

"공무원들의 공무적 집행으로 이룰 수 없는 분야입니다. 여러분들이 실제적인 공무원입니다."

"사회적 기업의 활성화 및 육성 환경을 위해서는 분산적 고립화가 아니라 생태계적 환경 조성이 필요합니다. 예를 들면 하자센터, 희망수레 등의 사업이 이루어져야 합니다."

"공약 사항으로 소셜파이낸스뱅크 형태인 사회출현기금의 조성을 이루어내겠습니다."

실제적이고 알맹이 있는 정책토론이었습니다. 이러한 자신 있는 정책의 수렴과 전문가적인 토의의 비결이 무엇일까요? 오늘따라 많이 따라온 기자들의 질문 중에 다음과 같은 답이 숨어 있었습니다.

"정책발표는 안 하시나요?"

"해야죠. 다해 버리면 재미 없잖아요? 20일이나 남았는데…. 그리고 아직 실제적인 목소리를 좀 더 들어야 해요."

"상대후보는 1일 1공약을 이벤트처럼 발표하고 있는데요?"

"전문가가 써 주는 것을 읽기만 하는 것이 진짜 정책이 되겠습니까? 저는 이렇게 걷잖아요! 책상 앞에 있지 않고 걷고 만나고 듣습니다."

"새로운 꿈을 찾기 위해서는 세상과 만나야 한다. 많은 것을 경험하고 부딪혀야 한다. 꿈이란 학교 수업만 열심히 듣는다고 찾을 수 있는 것이 아니기 때문이다. 다양한 사람을 만나서 이야기를 듣는 과정에서, 책을 읽는 과정에서, 현장에서 뒹구는 과정에서 비로소 자기의 좁은 우물을 벗어나 꿈을 찾을 수 있다."《박원순의 아름다운 가치사전》 중 '꿈꾸기'에서)

상대 후보에 비해 너무 느려 보이는 원순 씨의 행보에 일반 유권자는 물론 언론까지 의문을 제기했다. '정치 초년병의 소모적인 절차 밟기'로 매도하는 데도 원순 씨는 꿈쩍도 하지 않았다. 반면, '이제까지 정치판에서 보지 못한 진실하고 성실한 자세'로 믿어주는 시민들도 많았다. 한나라당 나경원 후보 진영의 일관된 꼼수는 '나경원'을 숨기는 데에 있었기 때문에 원순 씨의 솔직한 대응은 더욱 두드러져 보였다.

한나라당이나 나경원 후보 캠프에서는 '박원순'이 보도자료와 공보자료의 주어와 목적어로 등장하도록 철저하게 구성하였다. 그리고 나경원 후보의 행보는 공식적인 시민들과의 접촉보다는 전시적인 이벤트로 일관하고 있었다. 집권당인 한나라당은 철저하게 나경원 후보의 존재를 감추고 보수 대 진보의 이념으로, 가진 자와 못 가진 자의 계급으로, 자유민주주의와 복지주의라는 모호한 색깔론으로 이분화하여 본인들의 지지층을 집결시키는 게 우선이었을 것이다. 그들은 언제나 그래 왔다. 골수 한나라당 지지자들에게 정책의 진정성이나 후보의 도덕적 결함은 크게 상관이 없는 것처럼 보였다. 정직이나 성실이 덕목이 되지 못하는 집단이나 사람들의 정체는 의문투성이일 수밖에 없다.

한나라당은 말로는 친서민을 표방하면서 철저하게 가진 자의 입장에 섰다. 빈부격차와 계층 간의 갈등과 지역분열 등 이용해 먹을 수 있는 건 다 이용해 먹었다.

신지호 의원을 대변인으로 선정하자 정치부 기자들도 의아해 했다는 사실은 유명하다. 여러 가지 이유로 국민들로부터 신뢰를 받지 못하는 사람들을 그들은 필요에 따라 서슴없이 기용하고 사용했다. 진성호 의원, 강용석 의원 등이 나서서 아무 근거 없는 네거티브 선동을 계속했지만 큰 반향이 일어나지 못했다.

저들은 국민이 정치에 관심을 갖는 것을 원하지 않는 것처럼 보였다. 감출 것이 많은 자들의 꼼수였다. 표를 얻기 위해서라면 사실로 증명되지 않은 거짓 이야기들을 마구 만들어 흘리고 다녔다.

야권은 그런 그들 앞에서 너무 안이한 행태를 보여주었다. 하나로 뭉쳐도 이기기 힘든 판국에 사사건건 내부 분열을 일삼은 건 크나큰 실수였다. 눈앞의 이익을 위해서라면 팽개쳐도 되는 것이 대의였다. 기호 2번 민주당 소속 출마를 원순 씨가 고사한 건 결과적으로 올바른 선택이었다.

살아가다 보면 한 마디 한 마디가 설득이 되고 이해가 되기보다는 아픔이 되고 상처로 남는 그런 순간들이 있다. 선거판은 더욱 첨예했다. 과정보다 결과라고, 지고 나면 아무 의미가 없다고 강변하는 사람들도 많았다. 자기만의 계산기를 두드리며 자기만이 옳다고 주장하는 그런 얘기

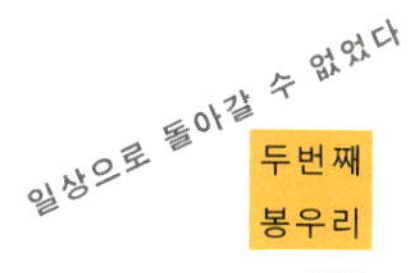

들은 마음에 잘 들어오지도 않는다. 그런 모습들이 솔직히 말하자면 이해하기 힘들었다.

그러나 현실과 맞딱뜨리며 많은 것에 부딪히다 보니 한편으로 그들의 입장을 이해할 수 있을 것 같았다. 소속의 문제가, 기호 몇 번인가 하는 문제가 아무런 상관이 없는 것은 아니었다. 선거과정이 진행되면서 사람들이 왜 그렇게 '입당'과 '기호'에 집착했는지 알 수 있었다.

이해와 공감은 물론 다르다. 하지만 입장을 이해하는 것이 공감의 시작일 수도 있다. 이해를 한다면 설득이 가능할 수도 있지 않은가! 시간이 지날수록 '정치적 동물'로서의 감각과 본능이 자연스럽게 내 속에 스며드는 것 같았다.

아무튼 이 모든 논란은 다음날 원순 씨의 공식 출마선언 및 후보자 등록과 함께 거짓말처럼 일단락되었다. 내홍이 있었지만 함께한 사람들의 마음을 알 수 있는 좋은 기회이기도 했다.

이제는 보다 뚜렷한 한 가지 목적에만 충실할 수 있게 되었다. 원순 씨가 서울시장이 되는 일이 바로 그것이었다. 우리는 힘을 합쳐야 했다.

부재자 투표를
아시나요?

2011년 10월 7일, 원순 씨는 무소속으로 출마할 것을 공식선언했다. 한나라당 나경원 후보는 이미 전날 후보등록을 마친 상태였다. 민주당에 대한 배려였는지 원순 씨는 무소속이 아닌 야권통합 단일후보로서의 의미와 자신의 입장을 잘 전달하기 위해 애를 썼다.

서울시민 여러분, 저는 오늘 새로운 시대의 문을 두드립니다.

박원순은 분노와 좌절의 문 뒤에 숨은 희망과 변화의 새로운 문을 열겠다는 굳센 마음으로 서울시장 후보에 등록했습니다. 시민이 만든 야권통합 단일후보 박원순은 10월 27일 새로운 서울의 아침을 열겠습니다.

박원순은 민주당, 민주노동당, 국민참여당, 진보신당이 시민들의 변화 요구를 반영해 만든 공동 후보입니다. 야권통합 단일후보는 연합과 연대라는 틀을

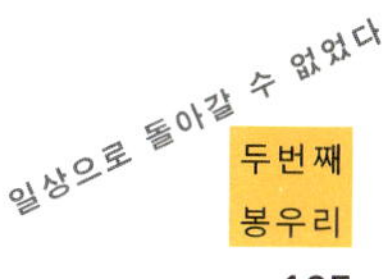

소중히 하고 발전시키라는 요구와, 새로운 변화와 새로운 서울을 만들라는 시민의 요구를 동시에 받는 자리입니다.

그간 민주당 입당에 대해 많은 고민을 했고 많은 말씀을 들었습니다. 입당 문제에 대해 대승적으로 생각해 주신 손학규 민주당 대표와 민주당원 여러분께 부끄럽지 않은 후보가 되겠습니다.

무소속 후보가 불리하다는 것을 너무도 잘 알고 있습니다. 정당 후보에 비해 절대적으로 적은 선거운동원 숫자, 등록하고 활용할 수 있는 연락사무소 부족, 정당 광고 사용 불가 등 불리한 조항이 한두 가지가 아닙니다. 선거 전문가들은 이로 인해 박빙의 승부에서 승리하지 못할 수도 있다고 조언해 주었습니다.

그러나 저는 할 수 있다고 생각합니다. 원칙은 양보할 수 없는 것이고, 원칙 때문에 손해를 봐야 한다면 볼 것입니다. 그리고 제게는 또 하나의 원칙이 있습니다 한나라당에는 없는, 하나부터 열까지 시민과 함께한다는 원칙입니다. 그것이 저의 유일한 선거전략입니다.

시민의 힘으로 시작된 희망의 바람을 잠재우지 않고 이 세상을 바꿀 수 있는 거대한 바람으로 키우겠다는 것이 그의 유일한 야심이었다. '시민과 함께한다'는 원칙이 그의 유일한 선거전략인 것처럼……. 제1야당인 민주당 입장에서는 곤혹스러웠을 것이다. 원순 씨도 그들의 입장을 충분히 이해했다. 후보 공식 출마 당일 원순 씨는 첫 일정으로 서울시 의회에 들렀다.

정치집단이나 행정조직은 특성상 유연하지 못하고 닫힌 구조를 가지고 있다고 느꼈다. 위로 올라갈수록 그 현상은 더 심각한 것 같았다. '관료주의'의 좋은 점도 분명히 있을 텐데 내가 지켜본 바로는 그 좋은 점을 찾기가 어려웠다. 책임은 지려 하지 않고 지시와 간섭만 심한 조직구조라면 밑으로 내려올수록 일할 맛이 나겠는가? 권위적이고 경직된 분위기가 느껴지는 건 서울시의회도 마찬가지였다.

시민들의 삶의 질을 향상시키기 위해 실질적인 입법활동을 하는 시의원들도 할 말은 많을 것이다. 원순 씨는 10월 7일 아침, 민주당 시의원들과의 첫 면담을 다음과 같은 말로 시작했다.

"서울시 의회 민주당 의원님들 방문은 설레면서 긴장이 됩니다. 친정에 온다는 생각이 들면서도 시댁 같은 느낌이 있네요. 의회 속기록을 통해 살펴본 의원님들의 의정활동과 노고에 감사 드립니다."

상대가 누구든 무안하게 하지 않고 부드럽게 할 말을 하는 것이 원순 씨의 특기였다. 그의 인사는 많은 의미를 담고 있었다. 사실 꽤 오랜 기간 서울시 의정활동은 멈추어 있었다고 해도 과언이 아니었다. 민주당 소속이 대다수인 시의회와 오세훈 전 시장의 의견이 하나에서 열까지 맞지 않아 원활한 시정운영이 되지 않은 지 오래였다. 원순 씨는 자신에게 예의를 다하지 않는 민주당 시의원들과의 만남에서도 건성으로 대하지 않았으며 끝까지 미소를 잃지 않았다.

이날 원순 씨의 행보 중 남달랐던 것은 바로 다음 일정이었다. 선거관리위원회에 공식 후보등록을 위한 신청서 접수가 그 시간에 이루어지는

함께하는 삶
2011.10.
박원순

We want ORGANIC FARM, not PARK

2012 민주정부
민주당

새로운 서울
박원순이 하면
다릅니다

것이 관례였다. 하루 전에 등록한 나경원 후보는 물론, 거의 모든 선거에서 후보들은 자신이 후보등록을 할 때보다 많은 언론사 기자들의 플래시가 터져주길 바랐다. 그것이 자신에 대한 지지와 관심을 나타내는 지표라고 생각하면 누구라도 그런 기대를 품는 것은 당연한 일이었다. 또한 후보등록은 공식적인 일정의 시작으로 보아도 무방했다.

그러나 원순 씨는 그러지 않았다.

후보등록을 선거사무장에게 일임하고 자신은 정작 명동성당을 찾았다. 정진석 추기경과의 만남에 관심을 기울이는 언론매체는 많지 않아서 원순 씨는 추기경 님과 보다 많은 얘기를 나눌 수 있었다. 정진석 추기경 님은 원순 씨에 대해 생각보다 많이 알고 계시는 것 같았다. 그간의 사회활동 중 특히 소외계층을 위한 노력과 기부와 나눔 부분의 공헌에 대해 찬사를 보냈다. 원순 씨는 양극화가 극심해진 오늘 가진 자와 못 가진 자들이 서로 나누고 함께하는 사회를 위해 정치를 하려고 하니 지켜봐 달라고 부탁했다.

바보가 바보에게 ······.

오늘은 원순 씨가 정식으로 서울시장 보궐선거 후보등록을 하는 날이었습니다. 오늘 같은 날은 선거관리위원회에 출석해 신청서류를 직접 내면서 기자들과 포토타임도 갖고 신문이나 방송에 대문짝만하게 자신의 기사가 나오길 대부분 기대합니다.

　　그러나 원순 씨의 발걸음이 향한 곳은 기자들이 몰려 있는 그곳이 아니라 명동성당이었습니다. 원순 씨는 원로 중 한 분인 정진석 추기경 님을 만나 이야기를 나누고 고견을 듣고 싶었나 봅니다.

　　추기경 님의 집무실 앞에는 '성 니꼴라오'의 이콘(**신앙의 중요 요소인 그리스도, 성모 마리아, 성인 등의 화상**)이 걸려 있었습니다. 그의 가톨릭 세례명이 니꼴라오이기 때문입니다. 니꼴라오 성인은 나눔과 베풂의 성인으로 잘 알려져 있습니다. 원순 씨는 자신의 최대 관심사인 나눔과 베풂의 삶과 너무도 닮은 성인의 이름을 세례명으로 받은 추기경 님을 후보등록일에 방문한 것입니다. 언론에 노출하지 못해 안달이 난 다른 정치인들과는 너무도 다른 선택이었습니다. 역시 그다웠습니다.

　　성 니꼴라오는 훗날 '산타클로스'의 원형으로 전해지기도 합니다. 순수한 꿈을 품은 어린이에게 희망이라는 선물을 주는 산타클로스를 생각하니 얼마 전 선종하신 김수환 추기경을 떠올리지 않을 수 없습니다. 그것은 아마도 이타적인 삶의 궤적이 원순 씨의 오늘날과 많이 닮아 있기 때문일 것입니다. 게다가 남다른(?) 외모 또한 많이 닮아 있지 않습니까? 많은 것을 양보하며 살았다는 것도 공통점입니다. '하늘이 내린 바보'라는 점이 그 둘을 함께 떠올리기 쉽게 합니다. 만약 그 어른이 살아 계셨다면 바보에게 더 큰 바보가 '바보야, 잘한다!' 하고 응원하셨을 것만 같습니다.

　　그 바보가 꿈꾸는 서울을 함께 이루어가면 좋을 것 같습니다.

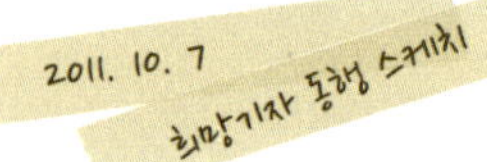

이처럼 도드라지는 그의 행동에 대해서도 혹자들은 아마추어리즘에서 비롯된 게 아닌가 하는 의혹의 시선을 던졌다. 선거라는 것이 본래 선동과 홍보라고 정의해도 과언이 아닌데, 진실된 마음은 좋지만 바쁜 세상에 그것까지 파악하여 표를 줄 유권자가 많지 않다는 것이 이유였다. 맞는 이야기처럼 들린다. 하지만 하나만 알고 둘은 모르는 소리다. 그런 바보 같은 모습이 좋고 미더워 우리는 원순 씨를 선택했다는 것을.

원순 씨는 추기경과의 만남 후 명동성당 앞마당에서 시위를 하고 있던 '두물머리 유기농단지 대안모임' 사람들과 대화를 나누었다. 그리고 캠프로 돌아와 '무소속 서울시장 후보 박원순 공식 출마회견'을 진행했다.

오후에는 '시청역 농성 장애인'들을 만나 그들의 요구와 의견에 귀기울였다. 경청투어였다.〔당선 이후 원순 씨는 이들과의 만남을 잊지 않고 '장애인 추가활동지원 서비스 시비 자부담 면제(장애인 활동지원 관련 서울시 추가 지원 사업에 대한 본인부담금 면제)'에 대한 정책을 확정 발표했다.〕 그리고 청각장애우들로 구성된 한빛합창단의 정기연주회에 참석, 열렬한 박수를 보냈다. 시민들을 만나 직접 이야기를 나누는 일정으로 원순 씨는 바빴다.

이 시기에 온라인에서는 원순 씨에 대한 흠집내기가 성행하고 있었다. 박원순 후보의 '강남 월세 논란'과 '대기업 기부금'에 대한 네거티브 공격은 주춤하기는커녕 나날이 심해만 갔다. '무소속 출마를 선언했으니 민주당 지지자들은 한 명도 투표하지 말라'는 괴상한 메시지도 떠돌았다. 한 마디로 투표 참여 열기를 죽이는 행위였다. 그 메시지들의 뿌리와 의미는 말하지 않아도 뻔했다.

그러나 '매스미디어'의 본원적인 발현 후 즉시확산 기능은 사실과는 상관 없이 발휘되기 마련이다. 캐나다에 거주하는 지인은 "강남 월세 문제는 이해가 가는 부분이나 대기업으로부터 기부받은 사실은 납득이 잘 되지 않는다"며 원순 씨에 대한 강한 의구심을 드러내기도 했다. 어떤 어르신은 그 나이에 이르도록 월세로 가정을 꾸리는 사람에게 어떻게 서울시 운영을 맡길 수 있느냐고 목청을 높였다. 진실이 무엇이고 사실이 무엇인지 확인하기도 전에 무시무시한 속도로 퍼져 사람들이 그대로 믿어버리는 네거티브성 흑색선전은 그만큼 치명적이었다. 앞서도 이야기했지만 아름다운 재단에 대한 기부금 축소가 대표적이다.

이 같은 부작용을 최소화하기 위해 우리는 흑색선전에 대한 반박자료를 수집하는 한편 법률공부에 매달려야 했다. 하지만 이후에도 우리 캠프에서는 네거티브 공격에 대한 대응책을 체계적으로 제시하지 못했다. 우리가 할 수 있는 것은 관련 지식과 정보를 가진 시민들의 도움을 받아 해명하고 반박하는 등 수동적인 방어가 전부였다.

그들이 모금과 기부가 뭔지 알기나 할까?

원순 씨에 대한 나경원 후보와 측근의 가당찮은 공격 중 가장 저질스러운 짓을 나는 '아름다운 재단'과 관련된 내용이라고 생각한다.

60평 아파트, 딸의 유학, 13세 소년의 병역기피 의혹 등을 도대체 어떻게 설명할 수 있다는 말인가. 얼마나 들춰낼 게 없으면 말도 안 되는 이야기를 만들어 무조건 던져놓고 '아니면 말고' 식의 무책임한 행동으로 일관하는지….

말도 안 되는 수많은 공격 중에서도 아름다운 재단과 관련된 그들의 무차별적 공격은 단순히 원순 씨 개인에 대한 공격이 아니라는 데 문제가 있다. 아름다운 재단을 비롯한 모든 모금단체, 적십자나 사회복지회 공동모금회 같은 정부 관련 기관들부터 시민사회단체, 복지시설, 지역의 작은 공부방 등에 이르기까지 모금활동에 많은 부분 기대어 운영되는 단체들은 이유도 알지 못하고 큰 타격을 입은 것이다.

나경원 후보와 한나라당은 기본적으로 나눔이나 모금에 대한 이해가 전무한 듯 보인다. 그들의 지지자가 늘 인용하기 좋아하는 미국 같은 나라에는 모금을 하는 펀드레이저가 전문직일 뿐만 아니라 비영리기관에서 가장 중요한 위치의 사람이라는 걸 분명 알지 못할 것이다. 우리나라의 많은 대학들이 벌이고 있는 모금운동 역시 모금 전문가들의 기획과 컨설팅 아래에서 움직인다는 걸 그들은 모른다. 이미 우리나라에도 비영리기관의 모금활동을 컨설팅하는 회사도 있다.

그래서 원순 씨가 모금의 귀재라는 말은 욕이 아니라 엄청난 찬사이다. 다양한 비영리기관의 책임자로 일해 온 지난 시간 동안 그가 모금을 잘하지 못했다면 그는 무능한 책임자라는 낙인을 얻었을 것이다. 게다가 원순 씨가 몸 담고 있던 모든 조직의 모금의 기본동력이 개인이라는 사실도 중요하다.

시민사회단체 중 가장 안정된 회원조직과 경제적인 자립율이 큰 조직은 참여연대이다. 아름다운 재단은 300개의 크고 작은 기업뿐만 아니라 5만 명의 개인 후원자들로부터 후원을 받는다. 2006년에 만들어진 희망제작소는 이미

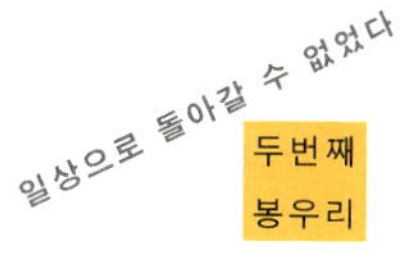

회원수가 5천 명을 넘어서고 있다. 원순 씨의 능력을 입증하는 데이터인데 저들은 자꾸 그것을 가지고 시비를 걸어온다.

나경원 후보 측은 짐작도 못할 것이다. 기업으로부터 지원을 받는 일이나 특정사업 지원 프로그램을 만드는 일보다도 시민들의 자발적인 후원을 이끌어내는 것이 얼마나 어려운 일인지…. 자신들의 힘으로 과연 그들은 몇 명의 후원자를 확보할 수 있을까 하는 의문이 드는 것도 사실이다.

또한 그들은 '기부' 역시 제대로 이해하지 못하는 게 틀림없다. 그들의 시각대로라면 뭔가의 '대가'를 바라지 않고서는 기부라는 것이 이루어질 수 없기 때문이다. 왜 김밥할머니가 안 입고 안 먹고 평생 모은 돈을 좋은 일에 써달라고 기부하는지 알지 못할 것이다.

아름다운 재단이 처음 만들어질 당시 종잣돈을 만들었던 분 중엔 김군자 할머니가 계신다. 할머니는 일제 강점기에 일본군 위안부로 끌려가셨다. 그런데 할머니는 당신이 평생 모은 천만 원 안팎의 돈을 공익기금으로 내놓으셨다. 아름다운 재단 사람들이 이른바 말하는 촛불단체에 지원한 걸 두고 말들이 많은데, 기부자들이 그런 용도로 쓰라고 기부한 것이라는 걸 그들은 이해하지 못한다.

또 한 가지 예를 들어보자. 몇 년 전 환경다큐 프로그램을 제작해 사회에 큰 파장을 일으켰던 한 방송국 PD는 여기저기서 상을 많이 받았는데, 상금 얼마를 환경단체 활동가들의 자녀교육비를 위한 기금으로 만들어달라고 아름다운 재단에 기부했다. 이후에 환경활동과 관련되어 상을 받은 여러 명이 그 기금에 돈을 보태어 또 다른 환경활동가들이 지원을 받아왔다. 그 PD는 지원받을 환경단체나 활동가들에게, 또는 그 자녀들에게 어떤 댓가를 바라고 그런 기부를 했을까? 어림도 없는 일이다.

나경원 후보 측은 공동체의 기본 덕목이 되어야 할 기부와 모금활동을 폄하하고 훼손하는 발언을 계속 내뱉고 있다. 아름다운 재단의 가장 큰 기부액은 한 대기업의 회장이 돌아가시면서 남긴 개인 유산으로 만들어진 기금인데, 나경원 후보 측은 이 기부액을 두고도 그 회사의 기부라고 빡빡 우기며 대기업과 원순 씨와의 유착 의혹을 제기했다. 유가족과 고인에게 욕될 짓을 하고서도 그들은 자신들이 무슨 짓을 했는지 모를 것이다.

또한 그들은 어린아이들도 아는 기본적인 것도 모르는 사람처럼 보인다. 아름다운 재단이 원순 씨 개인의 것이 아님을, 참여연대와 아름다운 재단이 같은 단체가 아니라는 것을 그들은 전혀 이해하지 못하고 있다. 그들은 늘 누군가의 명령이나 지시로 움직여 온 이들이라서 민주적 의사결정이 이뤄지는 곳에선 대표든 사장이든 그 단체나 조직을 맘대로 할 수 없다는 것을 모른다. 특히나 '돈'을 다루고 있는 아름다운 재단에서는 모금과 배분과정에 특정인의 입김이 절대 작용할 수 없다는 사실을 그들은 죽었다 깨어나도 이해하지 못할 것이다. 그들 세계에선 있을 수 없는 일이니까.

아름다운 재단이 이룬 성과 중 가장 소중한 것은 모금이나 기부가 돈 많은 사람들의 전유물이 아니라는 것을 일깨워 주었다는 점이다. 아름다운 재단은 초창기부터 기부교육, 모금교육에 많은 공을 들여왔다. 해마다 비영리단체들을 위한 모금가 교육도 진행하고, 또 사회적으로 기부문화를 확산시키기 위해 다양한 캠페인을 벌여왔다. 기억하건대 지금 나경원 후보 측의 발언을 아무런 여과 없이 싣고 있는 보수언론들 대부분 아름다운 재단의 기부문화 확산캠페인을 소개해 왔고, 몇 곳은 공동기획 기사를 만들어 내보내기도 했다. 그 결과 1998년 한국인의 1년 평균 기부액이 1인당 5,800원에 불과했던 것이 2008년엔 19만 9천 원으로 10년새 34배나 늘었다. 이것이야말로 아름다운 재단이 이룩한 가장 소중한 사회적 자산이라고 생각한다.

지금 나경원 후보 측이 하는 짓은 원순 씨에 대한 비방이 아닌, 기부문화라고 하는 우리 사회의 소중한 자산에 흠집을 내고 망가뜨리는 일이다.

현명한 시민들은 사실을 잘 판단하고 분별할 것이다. 걱정되는 것은 이런 분위기 속에서 그동안 발전해 온 우리 사회의 기부문화가 훼손되지나 않을까 하는 점이다.

서울시장 보궐선거라는 게임은 몇 수 접고 가는 '핸디캡 게임'이었다. 사실 '핸디캡 게임'이란 기량이 우월한 사람이 보다 수준이 낮은 사람과 재미있는 경쟁을 위해 한 수 접어주는 것인데, 이번 게임은 그 성격이 달라도 너무 달랐다. 정반대였다. 접고 가는 것은 우월한 자가 아닌, 객관적으로 열등한 자였다. 선수의 검증된 개인기량도, 경기방식의 룰도, 경기 주최측도, 경기전략과 지도층까지 무엇 하나 이길 수 있는 요소가 없었다. 하다 못해 홈그라운드 이점마저 내부의 혼란으로 많이 가져오지 못했다. 그저 개인의 초능력적인 기량의 발휘와 그것을 능가하는 열정, 그리고 밤마다 간구하는 희망만이 우리를 버티게 해주었다.

그런 심정적인 결의에도 불구하고 우리의 현실은 답답하기만 했다. 다음의 표는 무소속 후보로 나서게 됨으로써 무조건 접고 가는 선거운동에서의 핸디캡을 알기 쉽게 정리한 것이다. 선거비용 법정주의로 인해 무분별한 출마를 방지하고, 과열되는 선거로 인한 부작용을 막는다는 대의는 인정하지만, 정당정치인들이 만든 선거법은 입안자인 '정당정치인'들에게 절대적으로 유리한 법령임에는 틀림없다. 향후 이에 대한 면밀한 검토와 개선이 필요한 부분이다.

선거사무소 설치 등에 관해 정당공천 후보와 무소속 후보간의 비교

	정당공천 후보	무소속 후보	
선거사무소	정당소속 선거사무소 48개소 + 선거연락소 25개소 설치 가능 (총 73개소)	선거연락소 25개소 (별도의 지역선거사무소 설치 불가) (총 25개소)	선거사무소마다 걸 수 있는 4개의 간판, 현수막 설치 불가
선거사무원	총 2779명(한나라당의 경우) 선거법상 허용된 492명 + 당연직 2287명(국회의원, 보좌관, 당직자 등-사무소 당 3명의 유급사무직원 선임 가능)	총 492명	

※ 무소속 후보는 정당 차원의 간담회 등에도 참여할 수 없어 정당공천 후보자에 비해 후보자 홍보나 유권자들과의 접촉의 기회가 부족함.

불리한 조건은 눈에 보이는 숫자만이 아니었다. 그간의 정치적 경험과 교류에서 나오는 미디어와의 친밀도, 미디어와 가깝지 않아 입는 피해는 열거할 수도 없을 정도로 많다. 선거운동원이 부족하거나 연락사무소가 부족한 것은 시민들의 자발적인 의지로 간격을 좁힐 수 있는 사안이었지만 문제는 미디어였다. 그것도 기존 거대 언론사라는 막강한 매체 관리가 가장 큰 문제로 떠올랐다. 이는 담당자의 노력이나 의지와 상관없이 처음부터 열세로 시작하여 무참한 패배로 마감하고 말았다. 장기로 따지면 차와 포를 모두 떼고, 훈수마저 상대방만 일방적으로 받고 있는 형국이었다.

캠프에서 일한 한 당직자는 기존 미디어의 열세를 '뉴미디어 전략'의 성공으로 만회했다고 자부한다. 그러나 개인적인 견해로는 반만 맞는 이야기라 하고 싶다. 기존 미디어에서의 열세를 '뉴미디어'로 뒤집어 메시지의 총량 면에서 역전의 발판이 된 것은 사실이다. 하지만 그것이 캠프의 '전략과 실천행위'라고 자평하는 것은 객관성과 균형감각의 결여를 스스로 입증하는 것이다. '뉴미디어'에 대한 관심과 준비만큼은 철저하여 크게 아쉬울 게 없었지만 전략수립과 실행부분에 있어서는 좋지 못했다. 승리의 공이 전략의 성공에 기인함이 아니라는 것이다.

기회가 된다면 이에 대하여 분석자료를 곁들이고 싶은 마음이 간절하지만 간단하게만 예를 들어보겠다.

캠프에서 중요하다고 생각하는 파워 트위터리안들을 활용한 메시지와 리트윗 전략에 있어서는 실제적인 리트윗 추이와 그 정량을 볼 때 팔로어 숫자에 비해 크게 효과적이지 못했다. 오히려 현실문제에 대해 일상에서 관심사를 표현하던 2,000~3,000명 정도의 팔로어를 가진 트위터리안들의 리트윗이 하루에 300~400건 이상 된 것으로 보아 그 파급률이 훨씬 앞섰다. 그리고 이들의 트윗을 받아 다시 재리트윗하는 재생과 복제비율을 관계형식으로 도식화한다면 자발적인 시민들의 활동이 효과적으로 구현되었다는 점을 간과할 수 없을 것이다. 무엇보다 심각한 것은 이런 상황을 판단하고, 관련 정보를 공유하며, 행동의 방향을 설정해 줄 컨트롤 타워의 부재였지만.

정말 신기하고 소중한 경험이 아닐 수 없었다. 특히 이렇게 불리한 상황에서도 승리만을 바라보며 온 힘을 다하는 사람들과의 만남은 기적에 가까웠다. 이들의 열정은 전달력이 아주 강해서 지친 사람들을 일으켜 세우고 새로운 에너지를 전해 주었다.

나 또한 병이 들어 온전치 못한 몸이었지만 신명나게 일하는 동안은 그 병을 잊었다. 희망이란 절망 속의 고통을 잊게 해주는 진통제이자 지쳐 쓰러진 사람을 깨우는 각성제였다. 희망의 묘약 때문일까? 팬클럽 회원들은 지치지도 않고 매주 정기모임을 가지고 의욕적으로 새로운 활동을 펼쳐갔다. 이 기간 중에 나왔던 주요 활동계획 중 하나는 부재자 투표에 대한 홍보와 지역모임 활성화였다.

부재자 투표의 경우 재외거주자나 지방 파견자, 유학생은 물론 당일 중요한 사정으로 인해 투표를 할 수 없는 사람들을 위해 마련된 제도이다. 전체 투표자에 비하면 비교가 되지 않지만 원순 씨에겐 이 한 표 한 표도 결코 소홀히 할 수 없는 소중한 표였다.

온라인상으로 캠프의 공식 공지와 더불어 팬클럽 차원의 부재자 투표

독려 캠페인이 시작되었다. SNS를 통한 부재자 투표의 인지, 참여방법, 그리고 참여신청서 등을 안내하기 시작했다. 적극적인 일부 젊은 회원들의 아이디어로 오프라인 홍보계획이 잡히고 실천이 행해졌다.

10월 8일은 여의도에서 열리는 '불꽃축제' 기간이었다. 여의도를 방문한 수백만 명의 시민을 상대로 부재자 투표 홍보를 하기로 했다. 부재자투표 신청서를 나누어주고 질문을 해오는 시민에게는 상세한 답변을 해주었다. 우리가 할 수 있는 일을 찾아 작은 일이라도 실천하다 보면 의욕과 자신감이 솟았다.

팬클럽에서 관심을 가지고 추진한 것으로 또 하나 '지역모임의 활성화'가 있었다. 이는 캠프에서 만드는 지역조직과 함께 발맞춰 지역 주민의 관심과 호응을 얻어 보다 많은 일을 하려는 생각에서 비롯되었다. 지역모임이라면 풀뿌리 시민단체를 중심으로 잘 운영되고 있는 곳도 있었고, 전통적인 한나라당 우세지역인 강남 3구, 중구, 종로구처럼 모임 시작 자체가 어려운 곳도 있었다.

그러나 희망을 버리지 않고 추진하니 길이 열렸다. '무지개연합'으로 불리는 야권단일화가 성공하였기에 이미 지역에 뿌리를 내린 정당조직과 지지자들이 함께하게 되었고, 열세지역에서는 의식이 깨어 있는 시민들이 분발을 촉구하는 분위기였다. 그런 의지들과 한 걸음 더 움직이는 실천주체들의 의견을 받아 지역모임 활성화 관련 어젠다를 작성하기도 했다.

1. 지역모임에서의 어젠다

- 회원확대, 온·오프라인 활동참여 홍보 : 최초 모임 참가자에게 모집 독려
- 신선하고 발칙한 아이디어 수렴 : 시민이 만드는 선거문화
- 지역별, 권역별, 직종별 현안 및 제안 의견 수렴

2. 지역모임 활성화를 위한 지렛대 : 뭔가 재미 있는 게 있어야 온다

- 거주자뿐 아니라 근무지 중심으로의 모임 : 직종별 현안 및 제안 작성(예 : IT, 문화산업)
- 각 거주지별 유명인의 회원가입을 통한 스타 마케팅
- 지역별 주체(리더)를 선정하여 선거기간 동안 빈번한 교류 독려
- 타운홀 미팅, 경청투어, 간담회, 문화행사 주최
- 지역 타운홀의 경우 우선 조성되는 선착순으로 주최
- 직종별 경청투어 – IT, 문화예술, 금융 등 원순 씨 선호도가 적은 30~40대 직장인 타깃
- 연령별 간담회의 경우 : 20~30대의 청년, 60대 이상의 노년층 우선 고려

3. 지역모임

강남·송파, 도봉·노원·강북, 동대문·중랑, 종로·중구·성북, 은평·마포·서대문·용산, 양천·강서, 강남·서초, 영등포·동작·관악, 구로·금천,

4. 지역모임 활성화 관리방안

- 지역별 최초 모임 독려 및 참가인원/의견 정리
- 지역(직종)별 모임시 나온 관련 현안 및 기타 캠페인 정리
- 지역(직종)별 유세 및 타운홀/경청투어 계획(선정)
- 유세 및 타운홀/경청투어 등에 직접 참여
- 각 지역별 회원 증원 및 의견 수렴 : 운영진 회의에서 체크

제시된 의견과 계획들이 모두 실천되거나 소기의 목적을 이룬 것은 아니다. 지역에 따라 기대한 대로 혹은 예상 밖으로 잘 진행된 지역도 있었고 그렇지 못한 지역도 있었다. 중요한 것은 이러한 논의가 캠프 당직자의 지침이나 지시사항이 아니라 자발적인 시민 참여자 한 사람 한 사람의 제안과 실천이었다는 것이다. 선거기간이 지날수록 시민들의 역량도 무르익고 진화하고 있었다.

이 시기에 코미디보다 웃긴 일이 있었다. 10월 26일 나경원 후보의 배너(iSad 2011. 10. 26) 게시 사건이었다. 스티브 잡스의 죽음을 애도하는 배너광고를 패러디한, 실소를 금치 못할 사건이었다. 시민들 중 누군가가 SNS에 다음과 같이 썼다.

"혹시, 신지호 의원 때문에 슬픈 건가요?"

과연 희망은
이루어질까?

　원순 씨는 2011년 10월 9일 일요일, 오전 11시부터 12시까지 이화여고 100주년 기념관에서 정책공약을 발표했다. 무소속 후보의 출마가 두 명이라 추첨으로 이루어진 '기호 10번'을 확정하고, 본격 선거운동에 돌입하기 위한 중요한 일정 중 하나였다. 원순 씨가 평소 생각하고 고민해 온 것들을 정책으로 정리해 풀어놓는 시간이었다.

　원순 씨가 직접 프레젠테이션을 했다. 한 손에 마이크를 들고 조목조목 알기 쉽게 직접 브리핑을 했다. 스티브 잡스를 연상시킨다는 사람도 있었고, 모두들 빨려들어 그 현장을 지켜보았다. 후보자가 직접 자신의 공약을 설명하고 전달하는 것 자체가 새롭고 신선했다. 실무진에게 모든 것을 맡겨버리지 않고 직접 발로 뛰는 부지런함과 용기가 좋게 다가왔다. 당선 후에도 서울시의 예산안을 인포그래프를 이용해 직접 브리핑했으니 보여주기 위한 일회성 행사가 아님을 스스로 증명했다. 그 도전은 성공적이라 평가할 수 있을 것이다.

자료를 준비하고 정리하고 직접 발표하는 이러한 방식은 실력과 자신감을 보여준다는 면에서 굉장히 효과적이었다. 오바마 미국 대통령이 대통령 선거기간에 유효하게 이용한 커뮤니케이션 방법이었고, 호응이 없어서 그렇지 이명박 대통령이 시도한 '국민들과의 대화'도 이와 닿아 있는 것이다. 희망캠프가 시도한 타운홀 미팅 형식의 유세 '마실'과 토크유세 '박원순과 함께 하는 토크 콘서트' 등은 이와 같은 시도의 연장선상에 있다고 할 수 있겠다.

서울을 바꾸는 박원순의 희망셈법

'희망+', '불만-', '활력×', '행복÷' 박원순 후보 직접 브리핑

박원순 서울시장 후보가 9일(일) 11시 이화여고 100주년 기념관에서 기자회견을 열고 '희망정책 이벤트 1 서울을 바꾸는 박원순의 희망셈법'을 발표한다. 박 후보는 주요 내용을 직접 브리핑할 예정이다.

정치적 계산이 아닌, 시민을 중심으로 시정을 펼치겠다는 의도로 만들어진 '서울을 바꾸는 박원순의 희망셈법'은 '더불어 사는 마을공동체, 함께 잘사는 희망 서울'이라는 비전 아래 '희망더하기(+), 불만덜기(-), 활력곱하기(×), 행복나누기(÷)' 등 4개의 시정목표로 구성됐으며, 총 10개의 핵심정책들로 이뤄졌다.

‘희망더하기’는 집 걱정 없는 희망둥지 프로젝트, 밥·등록금 걱정 없는 배움터 프로젝트, 창조적이고 지속 가능한 좋은 일자리 만들기로 구성됐으며, ‘불만덜기’는 전시성 토건사업 재검토, 지속 가능한 생태도시, 기본이 바로 선 도시, 안전한 도시 시스템, 부채 감축, 재정 혁신을 통한 균형살림 프로젝트 등으로 이루어졌다.

‘활력곱하기’는 창조성과 상상력, 서울경제 점프업, 소통, 협력, 참여, 혁신, 열린시정 2.0으로, ‘행복나누기’는 여성과 가족복지, 여성희망 프로젝트, 더불어 행복한 복지우산 프로젝트로 구성됐다.

박 후보는 ‘서울을 공동체가 살아 있는 도시, 사람 냄새 나는 도시로 복원하겠다’는 목표와 함께 “시민이 소외되지 않고 주인이 되는 시정을 펼치겠다”는 다짐을 한 뒤 질문에 답할 예정이며, 트위터를 통해 시민과 실시간으로 질문과 답변을 주고받는 형식으로 진행된다. 이 과정은 모두 박 후보의 공식 홈페이지 ‘원순닷컴’을 통해 생중계된다.

새로운 시도와 도전으로 정성을 다한 정책공약이 발표되었다. 새로운 시도는 발표형식뿐 아니라 내용에서도 잘 표현되어 있다. 사실 네거티브 일색으로 선거판이 흐려져 소문만 무성하고 정책이 실종되었다는 탄식도 있었다. 그러나 원순 씨의 정책공약은 정치적인 계산기로만 작성한 것이 아니라 최대한 ‘시민의 입장’에 선 것이었다. 그의 머리 속엔 자나 깨나 시민뿐이었다.

정책공약에는 공동체가 살아 있는 서울, 그리고 사람 냄새가 나는 서울을 지향하고, 시민이 소외되지 않고 주인이 되는 시정에 대한 철학이 충분히 담겨 있었다. 이후 10월 19일에 발표한 '서울시민 권리선언'과 연결해 본다면 일관성이나 완성도 면에서도 문제 될 게 없는 뛰어난 정책임이 분명하다.

그러나 선거가 끝난 이후에도 "한나라당의 네거티브 전략으로 당시 우리가 준비한 정책들이 유권자들에게 제대로 인식되지 못한 점이 아쉽다"는 캠프 내부의 토로에서 짐작할 수 있듯이 심혈을 다한 그의 정책은 정작 크게 주목을 끌지 못했다. 정책선거로 승부하려는 원순 씨의 발목을 잡은 건 처음부터 끝까지 '네거티브 공세'를 퍼부은 저들의 전략이 주효했던 것도 있지만 분명 방법상의 문제도 있었다. 왜 정책 전달에 그렇게 어려움을 겪었는지 등의 제반문제는 앞으로도 연구를 게을리 하지 말아야 할 부분이다. 네거티브가 예상 밖으로 과도했다고 하더라도 찾아보면 더 좋은 방법이 있었을 것이다.

정책 내용에 대한 판단은 정책전문가와 분야별 전문가에게 맡겨 두더라도, 정책 전달방법에 대해 프레젠테이션과 커뮤니케이션 전문가로서 아쉬운 점을 짚어보고 싶다.

1. 발표 방식의 전체적인 프레임은 유효했다. 하지만 보도행위로 좁혀지는 미디어 전달방법은 한 번 더 고려해야 했다. 이전 경선 룰 수용 발표와 달리 일요일에 발표함으로써 월요일 언론매체를 통해 시민들에

게 전달하려는 시도는 좋았다. 그러나 결론적으로 미디어 전달에 실패했다.

2. '정책공약설명서'라는 것이 기자나 참석자에게 공히 당일 배포된 문건이었다. 10여 페이지가 넘어가는 문건이었고, 보도자료는 간략하게 앞에 소개한 것이 전부였다. 이런 문건을 '스스로' 잘 정리해서 실어주는 곳은 없다고 봐야 한다. 내가 기업 홍보실에서 언론매체 담당일 때, 홍보 담당자들은 기자들을 '호모 카피엔스'라고 했다. 베껴쓰기에 능한 것도 중요한 기자의 자질 중 하나가 아닌가 싶었다.

3. 문건의 길이와 양에 대한 문제를 접고 가더라도 이 문건은 문서작성을 해본 기업의 전문가나 프레젠테이션 전문가가 본다면 한숨이 나올 정도의 수준이다. 한글파일로 작성된 문건이 추후 팬클럽의 요청으로 PDF 파일로 컨버전되어 겨우 온라인상에 유통된 사실은 시작에 불과했다. 첫 장부터 등장하는 그라데이션 장식과 일관성 없는 글꼴의 혼용, 그리고 아웃풋으로 나온 인쇄물뿐 아니라 모니터에서 얼마나 가독성을 확보할지 고려하지 않은 문서쓰기도 문제였다.

4. 문서의 구성은 잘 되었는가 하면 그렇지 않았다. 어느 공약대목은 전체가 '총론'으로 구성되어 있고, 다른 대목은 전체가 '각론'으로 기술되어 있었으며, 또 다른 대목은 '각론' 밑에 '총론'이 들어 있는 경우도 있었다.

5. 전달과 확산의 방법에 있어서도 보다 다양한 방법을 간구했어야 했다. 인터넷 TV 중계는 물론 스마트 디바이스의 보급에 맞추어 팟캐

스팅 등으로 다운로드나 스트리밍하는 방법을 적극 고려하고, 온라인 미팅룸 등의 간소한 어플리케이션을 통한 적극적인 통합 커뮤니케이션(Unified Communication) 환경에서의 프레젠테이션 보급이 필요했다.

사소해 보이는 실수나 작은 틈이 점점 큰 부담으로 닥쳐올 수 있다. 어느 순간 해결이 불가능할 정도로 문제가 증폭되기도 한다. 실제로 그 후 제작된 포스터, 선거 유인물, 피켓, 현수막 등에 관해 유권자들의 지적을 계속 받았다. 내가 캠프에 처음으로 실망했던 날이 바로 이날이었다. 그리고 훗날 일이 그렇게 될 수밖에 없었던 이유를 알게 된 후에도 실망은 사그라들지 않았다.

팬클럽 운영진은 캠프와 지지자들의 중간에 서서 불만과 건의사항을 체크하고 정리하여 캠프에 전달하기 위해 '원순닷컴' 게시판을 이용했다. 하지만 관심을 가지고 답변을 하는 담당자가 없는 것이 아쉬웠다.

개인적으로 시간을 투자하는 입장에서 보다 효과적인 활동방향을 모색하지 않으면 안 되었다. 마침 캠프의 뉴미디어 팀에서 희망 기자단의 동행취재기를 '원순닷컴'에 게시해 달라는 요청이 있었다. 활동의 폭이 넓어지고, 사람들의 관심이 지대해질 것이라는 기대로 요청에 응했다. 취재기는 애초에 기획했던 것과 달리 대문에 노출되는 캐스팅 형식에서 메뉴 안으로 들어가는 포스팅으로 바뀌었고, 급한 게시를 요청받고도 게시 권한을 3일 만에 받는 등 답답하고 이해하기 어려운 일들도 있었지만 의욕적으로 달려들었다.

의욕이 과했던 것일까, 기대가 너무 컸던 것일까?

이 시기가 선거 기간 중 가장 아쉬움이 남는 때로 기억된다. 초심을 유지하며 개인적인 기준의 기대와 바람의 표현을 최소화해야 했다. 또한 캠프와는 적당한 거리를 유지하고 내가 하기로 한 것에 충실하며, 처음 하는 선거 경험만으로 즐거운 지지자로 남았어야 했다. 하지만 그렇지 못했다. 다 욕심 때문이었다.

오프라인 캠프와 온라인 팬클럽에 사람들의 수는 점점 늘어나고 있었고, 저마다의 이유와 사연을 내세우며 무언가 역할을 하고 싶어 하는 분들이 많았다. 캠프에 몰려든 자원봉사자나 자발적 참여를 원하는 사람들을 돌려보내는 일이 실제로 일어났다. 하루 24시간 돌아가는 상황을 판단하고 콘텐츠 작업을 해야 하는 캠프의 뉴미디어 팀 등에도 도움이 되고 싶다는 젊은이들이 많이 모여들었다. 그러나 며칠 뒤 그들의 모습을 찾아보기는 힘들었다.

그뿐 아니었다. 팬클럽에도 원순 씨와의 이런저런 인연을 내세우며 후보를 잘 알고 있다는 사람, 자기가 영향력이 있어 많은 사람들을 동원할 수 있다는 사람, 심지어는 원순 씨와 핫라인을 가진 측근이라거나 안철수 원장을 불러올 수 있다는 사람도 등장했다.

그들은 그간 팬클럽이 고민하고 행동해 왔던 실천과제의 원점을 언급했고, 시행착오를 거치며 이미 접어둔 과제를 들추기도 했다. 그런데 며칠 가지 않아 문제만 제기해 놓고 온라인으로 숨거나 자취를 감추었다. 지금와서 생각해 보니 이해 못할 것도 없다. 호의와 열정으로 달려들었다가 기대와는 다른 현실 앞에서 뒷걸음질 치게 된 그들을.

사람들은 들끓는데 정작 꼭 필요한 부분의 인력은 부족하고, 지도부는 많은데 실무진은 없고, 문제 제기는 많은데 해결방안은 찾기 어렵고…. 총체적인 난국이었다. 희망에 찬물을 뒤집어쓴 것처럼 가슴 아팠던 그날, 이러다가는 패배할지도 모른다는 생각이 들어 무섭기까지 했다. 매일 위기상황에서 'War Room'을 운영했던 비즈니스 오퍼레이터의 직감이었던 것 같다. 회사 퇴사 직전에 하던 일이 바로 이러한 '위기상황'의 예측 및 감지와 관련된 일들이었기 때문이다.

뜨거운 가슴으로
광화문에 서다

텔레비전 아침 프로그램에서는 신혼에 전세금을

구하지 못해 자살한 이의 사연을 소개하고 나서

'팔꿈치 발꿈치 예쁘게 가꾸는 법'이라는

코너를 들이대며 시시덕댄다

시민 여러분 서는 서울시민의 꿈을
생각해 보았습니다. 오래 전 우리의
어머니, 아버지가 고향을 떠나 맨
몸으로 서울에 도착했을 때 희망을

를 약속하고 어르신들 노후를 보
합니까? 대권욕에 물든 시장의
집과 오기가 서울을 망쳤습니다.
의 절망은 탈출구를 찾지 못함

10번을 방어하라

무소속 후보 원순 씨의 등번호는 '기호 10번'이었다. 가장 먼저 해결해야 할 지상과제는 '기호 10'에 대한 인지였다. 민주당의 2번 프리미엄 논란에도 불구하고 이를 마다하고 무소속을 선택한 원순 씨에겐 생소한 두 자리 숫자를 유권자들에게 알리는 것이 중요했다. 마침 10월 10일이 다가오고 있었다. 10번을 알리기엔 절호의 기회였다. 더구나 10일은 월요일이 아닌가!

캠프와 팬클럽을 위시한 지지자들은 이 좋은 기회를 놓치지 않았다. '10번 놀이'를 하며 SNS에서, 온라인에서 중요한 한 주를 열었다. '10번 놀이'란 10번과 관련한 인증샷을 올리거나, 10번과 관련한 댓구를 달거나, 10번과 관련한 이야기들로 SNS 내용을 구성하는 '10번 알리기' 놀이였다.

"펠레, 마라도나, 지단, 플라티니, 박원순의 공통점은? 10번!"

"10번 찍어 안 넘어가는 나무 없다죠. 이번 서울시장 선거 10번 찍어 안 바뀌는 서울 없습니다. 이제 바꿉시다 진정한 서울로. 박원순 그 이름으로 서울을 서민의 서울로."

"서울 시민들, 박원순과 열(10)애중! 열(10)정으로, 열(10)번 찍어, 열(10)린 세상, 열(10)어 가자. 박원순 후보님, 열(10)열(10)히 사랑합니다."

"서울시장 선거 기호 10번 박원순. 투표일엔 일(1)하지 말고 열(10)정을!!!"

"박원순 서울시장 후보의 기호가 10번입니다. 열 손가락을 다 펴면 되겠군요."

원순 씨를 지지하는 사람들이 참여한 10번 댓구놀이는 선관위의 SNS 위축 발언을 조롱이라도 하듯 선거일 전날까지 지속적으로 이어졌다. 선거라는 정치적 이벤트를 '즐겨야 하는 우리의 권리'로 인식하고 있는 사람들이 하루가 다르게 늘어가고 있었다. 시민들이 스스로 창안하여 즐기는 이러한 문화는 새로운 패러다임이나 기술적인 방법의 구현이라기보다 성숙한 시민의식이 과학기술과 만나 이루어낸 쾌거라고 할 수 있을 것이다.

마침내 10월 10일이 왔다. 이날 오전 '관훈클럽초청 토론회'를 시작으로 방송 3사에서 각각 주최하는 후보자 토론회를 5일 내에 소화하도록 일정이 잡혀 있었고, 일주일 후에 선관위 주최 합동 토론회로 공식적인 지상파 토론회가 마무리될 예정이었다.

원순 씨는 조리 있고 침착하게 말을 잘하는 스타일이어서 토론에서도 꿀릴 것이 없었다. 그런데 문제는 상대방의 저 후안무치한 흑색비방이었다. 사실이 아닌 일을 사실 아니냐고 눈 하나 깜빡이지 않고 묻고는 대답은 들을 필요도 없다는 듯이 외면하고 또 엉뚱한 질문이나 해댈 것이 틀림없었다. 우리의 예상은 정확하게 맞아떨어졌다. 아니, 예상했던 것보다 훨씬 심했다. 관훈토론을 시점으로 이른바 원순 씨의 '잃어 버린 열흘'이 시작되었다.

한나라당의 네거티브 공세는 극에 달했다. 이전의 의혹제기 정도는 몸풀기에 불과했다. '아름다운 재단 기부금 의혹', '강남 월세 의혹', '부인 인테리어 업체 특혜 의혹', '딸의 호화 유학 의혹' 등은 그저 '던져 보기' 식의, '아니면 말고' 수준의 그야말로 의혹제기에 불과했다. 사실 그것도 억장이 무너지는 억울한 것이긴 했지만……

조·중·동을 비롯한 지상파 3사와 케이블 방송의 뉴스채널, 그리고 인터넷 포털들까지 가세해 저들이 던지는 먹잇감을 신나게 주워먹기에 바빴다. 그들은 기다렸다는 듯 의혹을 기정사실인 것처럼 보도했다. 인터넷 포털들은 특성을 살려 자극적인 헤드라인으로 사이트 대문을 가득 채웠다.

한나라당은 점점 더 재미를 붙여가는 듯했다. 지난 대선 때는 검찰이 이명박 대통령의 러닝메이트라는 말을 들었지만, 이번 선거에서는 대부분의 언론이 '나경원 후보 네거티브 캠프'의 러닝메이트라고 해도 과언이 아닐 정도였다.

처음부터 '결과'보다는 '과정'을 중시했던 시민단체 구성원으로 이루어진 희망캠프의 대응은 지극히 수동적이고 점잖았다. 결국 참다 못한 캠프는 10월 9일 대변인 성명을 통해 '한나라당, 근거 없는 네거티브를 당장 중단하라'라는 경고문을 띄웠다.

한나라당은 끝까지 모르쇠로 일관했고 언론도 '소 귀에 경 읽기'는 마찬가지였다. 한나라당은 오히려 대표를 위시해 의원들까지 의혹을 제기한다는 명분 아래 네거티브의 총공세를 퍼부었다. 사실관계에 대한 근거가 제시되면 그냥 넘어가기 일쑤였고, 해명에 대해서는 들으려고조차 하지 않았다. 그들의 의도와 전략은 유치하지만 명백했다.

10월 10일을 전후해 더욱 말도 안 되는 의혹들을 터뜨리기 시작했다. '양손 입적'과 관련한 원순 씨의 군복무 문제와 '병역 의혹'으로 시작해, '서울대 제명 학력위조'와 '단국대 재학시 등기소장 근무' 등의 '학력위조' 의혹을 제기했다. 그리고 원순 씨의 멘토로 선거운동에 열심이었던 조국 교수를 함께 엮어 '딸의 법대 전과 특혜 의혹'까지 마구 내던졌다.

대부분의 지지자들은 그 사실을 믿지 않았지만 문제는 유권자인 시민들이었다. 원순 씨에게 호감을 품고 있었다고 하더라도 온갖 루머가 쏟아져 나오니 '아니 땐 굴뚝에 연기나랴' 하는 식으로 고개를 갸웃하게 되는 것도 사실이었다. 저들이 노린 게 바로 그것이었다.

● **흑색선전 #1** 원순 씨 양손 입적-한나라당 주장의 88년 판례는 사실. 그러나 이전 관례에 대한 단죄가 아니라 사회의 안정으로 가족관계 적립에 대한 실효성 없는 양손 입적에 대해 제한한다는 시대적 판단의 근거임. 그렇다 해

도 가난한 13세 촌소년의 기획입적은 어불성설.

- **흑색선전 #2** 엑스맨 신지호의 43년 이전의 노역은 자발적 징용이라는 주장(원순 씨 작은할아버지)은 일본군 위안부에 대한 해석도 자발적 매춘이라는 매국노적 발상과 맞닿아 있으므로, 우리는 분노하고 사회적으로 단죄해야 함. 43년 강제징용 명령 이전에도 강제징용으로 판명.

- **흑색선전 #3** 하버드 대학 휴먼라이츠 비지팅 스칼러 관련. 객원연구는 학위 아님. 원순 씨가 그렇게 말한 적이 없음. 찾아볼 수도 없음. 하버드에 '박원순이 로스쿨 학위했는가?' 하고 문의하면 '아니오' 하고 답이 오는 것은 상식. 그 답변만 들고 와서 우기는 격.

- **흑색선전 #4** 하버드 대학 휴먼라이츠의 경우 대한민국 변호사에게 영예로운 추대로 여겨지는 것이 상식. 상식을 뒤집는 이야기는 뭐? 비방이나 흑색선전, 허위사실 유포라고 한다. 인권에 대해 노력하는 율사들은 분노해야 한다.

- **흑색선전 #5** 조국 교수가 원순 씨 딸의 법대 편입에 힘썼다? 조국은 학생부장 교수였으나 당사자가 편입 심사받을 당시 1년 전 보직에서 물러나 하버드 옌칭 연구소에 비지팅 스칼러십으로 미국에 있었음. 사실이 아닌 것을 유포하는 것은 범죄임. 의정에서 내려와 발언하라.

- **흑색선전 #6** 원순 씨 딸의 법대 편입시 제기된 의혹이 허위사실로 명백히 드러난 지금 서울대 당국은 분노하고 고소하고 기자회견을 하고 성명을 발표해야 마땅하다. 입시부정에 대한 의혹을 허위로 제기했는데 가만히 있는 그대들이 웃긴다.

- **흑색선전 #7** 서울대 사회계열 중퇴 학력위조 논란. 40여 권의 저서 중에 법

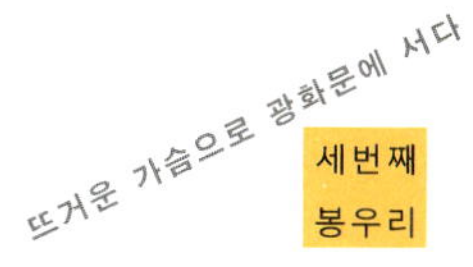

대 중퇴라고 명기한 책이 대여섯 권. 잘못된 것이다. 본인의 의중이 아니었으나 주의부족 인정. 그러나 법대 입학이 허락된 복학시점에 이미 원순 씨는 변호사였고 대학을 졸업했다. 그리고 중퇴가 학력이냐?

조금만 관심을 가지고 살펴보아도 사실을 확인할 수 있는 문제였다. 하지만 먹고 살기도 바쁜데 스스로 정보를 찾아 사실을 확인하는 사람이 얼마나 있겠는가? 그것도 자신의 문제가 아니라 공인들과 관련한 의혹에 대해서는 '적극적으로 제공'하는 정보를 받아들이고 거기에 자신의 가치관을 얹기 마련이다. '미디어의 프레임'이란 그래서 정말 대단한 것이다.

기존 미디어의 가치사슬은 집권당인 한나라당이 주도하고 있었다. 집권정당과 정부가 힘을 합해 집권기간 동안 힘써 온 것이 언론장악이었고 매번 소기의 효과를 거두었다. 그들은 이미 마련된 '미디어 프레임'의 플랫폼에 '네거티브 콘텐츠'만 실어보내면 되었다. 그럼에도 서울시 재보궐 선거에 임하는 한나라당의 모습은 '전력투구'라고는 할 수 없었다. 대통령 집권말기의 '레임덕'이 이미 시작되었고, 대통령 측근의 비리들이 쏟아져 나오고 있었으며, 이 선거 또한 한나라당 소속 오세훈 전 시장의 자만과 과욕으로 벌어진 일 아닌가! 그래서 전력투구보다는 투입된 에너지 대비 효용이 높은 '미디어 프레임'을 최대한 이용했다.

희망캠프의 공보담당이나 매체 담당자들은 이럴 수도 없고 저럴 수도 없어 답답해 했다. 시민들의 지지를 얻고 있는 무소속 후보에게도 최소한의 예의는 갖춰줘야 하는데 저들은 처음부터 끝까지 무시하고 조롱했다. 사실을 소개하고 기사화하는 것도 거의 불가능했으니 이렇게 공정하지 못한 선거가 유사 이래 또 있었을까?

아무리 그래도 너무 무력한 모습을 보여준 희망캠프의 미진한 대응방식은 아쉬움이 남는다. 예를 들어 포털 사이트의 헤드라이닝 노출이나 검색어 노출 등과 관련해서는 기술적인 방법과 내부 프로세스를 통한 게시 삭제 등의 강력한 조치가 필요했음에도 아무런 노력도 하지 않았다. 분통이 터진 나머지 지지자 개인이 포털 사이트 관리자에게 신고하고 문제제기를 하는 수준이었다.

이후 '드림팀 선대위'의 공식 출범 후에는 이러한 미디어 관행과 절차에 익숙한 당직자들의 노력으로 많은 부분 개선되었으니 그나마 다행이었다.

오늘부터 박원순을
지웁니다

나경원 후보 측은 '미디어 프레임' 전략과 동시에 검증되지 않은 사실들을 마구 언론에 흘려 내보내 유권자들을 혼란하게 만드는 방법을 취했다. '텔레비전 토론회'는 가장 좋은 도구였다. 수려한 외모에 당 대변인을 지낼 만큼의 언어 구사력, 그리고 풍부한 정치 경험과 부끄러움에 대한 불감증까지 모든 면에서 자신에게 유리한 점을 극대화할 수 있는 기회였던 것이다.

그 의도는 적중했다. 10월 10일 오전 '관훈클럽 초청 토론회'로 시작한 텔레비전 토론회는 그날 저녁의 SBS 토론회, 다음날 KBS 토론회, 그리고 10월 13일 MBC 토론회로 이어지며 원순 씨에게는 잔혹한 '토론회 주간'이 되었다.

- 정권심판을 안 외치겠다? 그게 포지티브냐? 이 한심한 캠프 정책자문단아!

- 오늘부터 박원순을 지웁니다.

- 우리 부모님은 안철수 씨조차도 잘 모른다!

- 원순 님, 뭔가 크게 착각하시는 거 아닙니까?

- 제발 수준에 맞는 대응을 해주시면 좋겠어요.

- MB 정권이 망쳐놓은 서울시민의 팍팍한 삶을 공격해 주세요!

- 한나라당의 네거티브 공세가 먹히고 있습니다. 캠프 스태프진의 분발을 촉구합니다.

- 재건축 완화에 대한 노원구민의 생생한 민심 박두!

- 나경원의 이념 공세에 대해 좀 더 공세적으로 임해 주세요!!

- 박원순 후보님의 현재 선거참모들은 석고대죄하시고 물러나 주십시오!!

- 선거를 독하게 합시다!

- 지지율, 나경원이 역전했습니다.

- 지금은 전쟁선거, 깨끗한 선거는 정권교체 후 하자고요. 이번 선거 도박(모험) 하시면 안 돼요!

- 원순 님! 꼭 이겨야 하는 선거입니다. 지면 안 되는 선거입니다. 안 교수님께 부탁 드리십시오.

예의 그 '토론주간'에 팬클럽 게시판과 페이스북은 마비가 되다시피 했다. 토론의 답답함을 호소하는 사람부터, 아쉬운 점을 조목조목 모니터링하여 개선방안을 올려주는 사람까지 그 의견도 다양했다. 전체적으로는 발언방법에 대한 지적이 많았고, 토론의제 설정에 대한 이야기, 토론 중에 제기된 묻지마 식의 흑색선전에 대한 강한 대응 촉구 등이 그 뒤를 이었다.

개인적으로도 발언에 대한 전체적인 틀이 조금 더 견고했으면 하는 아쉬움이 있었다. 전체 의제의 설정은 주최측과 조율을 하다 보면 전적으로 의지가 반영되기 힘든 부분도 있고, 적절한 의제를 설정했다 하더라도 상대가 작정하고 덤벼들면 무의미해지기 일쑤였다.

여러 사람들이 토론을 보고 느낀 점과 함께 바라는 점을 실시간으로 이야기 나누었다는 것도 즉각적인 커뮤니케이션 환경이었기 때문에 가능한 쌍방향 소통이었다.

토론의 질적인 부분은 입에 올리기도 힘든 점이 있었다. 상대방의 어처구니 없는 주장과 안하무인격 태도는 할 말을 잊게 만들었다. 그럼에도 불구하고 관전평을 작성하고, 최대한 감정을 배제하며 사실 중심으로 기술하여 회원들의 동의를 구했다. 희망캠프 내에 시민과 지지자들의 의견을 잘 살펴 전달하는 체계가 있을 것이라 기대하면서 말이다.

SBS TV토론 관전평이라기보다 소고

● 모두발언 ⇨ 주도권토론 ⇨ 주제토론 ⇨ 사회자질문 ⇨ 주도권토론 ⇨ 마무리 발언 구성.

● 사전 합의된 주제일지 모르나 그래도 최근 토론 중에 인물검증보다 정책에 대한 공방이 주를 이루어 전체적인 분위기는 건강했다고 생각.

잘하신 점

● 부드럽게 항의하여 답변과 질문시간 보장받음.

● 정책이란 과거의 성찰에서 시작해서 그 간격을 조정하여 미래를 조망한다는 전체적 기조가 훌륭하였음.(지난 정권에 대한 심판 일변도라는 지적에 대해)

● 복식부기에 대한 무지를 잘 견지함.(일반적으로 인정된 회계원칙에 대한 중요성과 공공기관 확대에 대한 세부정책으로 유효한 발견)

● 내구연한 하향조정에 의한 자율적 재개발 규제완화에 대한 반박도 적절한 듯.(실제 주택 소유주뿐 아니라 실주거자인 세입자를 위한 정책이 시정의 기본이고 이것이 나경원 후보 측이 주장하는 약자를 배려하는 정책이라고 반증)

● 아마추어리즘, 정책의 몰이해, 언론보도의 일방 언급에 대한 '이전보다' 단호한 지적과 오브젝션 핸들링.(objection handling)

아쉬운 점

● 주도권 토론시 주도권을 쥐고 있을 때 전략적인 시간배분과 질문을 했으면… 나경원 후보 측 주도권일 때 답변이 훨씬 힘이 있어 보였다.

● 질문의 의도에서 삼천포로 쏙쏙 빠지는 나경원 후보의 답변에 보다 집요한 추궁이 필요할 것 같다.

● 나경원 후보 측이 주장하는 지난 10년 시정의 헤리티지인 '도시 경쟁력 강

화'에 대한 보다 구체적인 반박이 필요하다.

- '희망제작소'가 서울시정 전체에 대한 정책연구소처럼 강조되면 반박이 예상된다. 보다 두텁고 광범위한 자문조직이 있음을 알린다.

  ※ 다음 토론에는 원순 씨의 정책을 널리 알릴 수 있는 전략적 질의를 선택하면 좋을 것 같네요. 재정확보나 기타 정책은 많이 부딪히니 보다 생활 속의 구체적인 문제들을 예로 들면 좋을 것 같습니다. 목소리가 많이 쉬었는데 목 관리 잘하셔야겠어요. 수고 많으셨습니다.

추가제언

- 한강 르네상스의 경우 공정진행도의 이해가 필요하고, 완공 후 유지보수비용의 과다지출에 대한 이야기를 하면 좋을 것 같습니다. 경제성이 없는 시설의 경우 시공비용보다 유지보수비용을 간과하는 경우가 많은데, 사실 이것이 재정의 블랙홀임을 강조해야 된다고 봅니다.

- 공사진행의 공정율이라는 것은 대부분 기성집행비율(PoC : Percentage of Completion)로 집계되는데, 이는 실제공사의 진행 정도라기보다는 예산의 집행 정도입니다. 모든 토목공사는 초기비용이 많이 듭니다. 그런데 역시 유지보수비용은 잘 고려하지 않습니다. 모든 비용의 집행은 TCO(Total Cost Objective) 관점에서 고려해야 합니다. 대부분의 공공계획은 이를 반영하지 못합니다.

- 도시경쟁력 관련하여 ; 한나라당에서 언급하는 서울 9위의 순위는 중국사회과학원 발표자료라는데 인재, 기업, 생활환경, 기업환경, 창조혁신환경, 사회

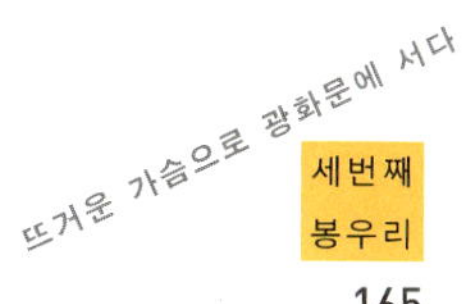

환경, 부문별 산업경쟁력 등을 계량화한 뒤 도시경쟁력을 발표한다고 합니다. 대부분 정량적 지표관리에 의한 순위이고, 그 지표수집 연도도 제각각이라 공신력이 낮은 듯합니다. 다른 자료를 비교 분석하는 것이 좋을 것 같습니다.

● PwC와 'The Partnership of New York City'의 세계 주요 국제, 금융 도시 비교에서는 21개 도시 중 13위로 되어 있고, 컨설팅 사 머서(Mercer)의 경우 '살기 좋은 도시 순위'에서 서울은 81위를 랭크하고 있습니다.

● 영국의 이코노미스트 산하 연구기관인 이코노미스트 인텔리전스 유닛(EIU)이 안정성(정치 및 사회 안정성, 범죄율), 의료시설(의료보험의 질), 문화와 환경(문화 이벤트 빈도수, 자연환경), 교육, 기간시설(사회간접자본, 교통편의) 등 5개 분야의 평가를 바탕으로 한 '가장 살기 좋은 도시' 순위(140개 도시 대상) 자료에는 58위로 나와 있네요.

통계와 자료를 가지고 조목조목 반박하면 자신들의 치적에 대하여 둘러댈 수 없을 것 같습니다.

시민들과 지지자들의 진심 어린 충고가 잘 전달되어서인지, 캠프 대변인의 소회처럼 전략적인 기승전결 구성 덕이었는지, 학습능력 뛰어난 그의 놀라운 적응력 덕이었는지는 몰라도 횟수가 거듭될수록 원순 씨는 안정을 되찾았다. 유세 때에도 자신의 원칙과 상식을 고수하되, 마음을 열고 시민들과 지지자들의 의견을 듣고 즉시 반영하는 모습을 원순 씨는 보여주었다. 보통 정치인들과는 달라도 너무 다른 모습이었다.

나경원·박원순 서울시장 후보 초청 관훈토론
관훈클럽
2011. 10. 10
한국프레스센터 20층 국제회의장
2011   10   한국프레
서 두 원
연사 박 원 순

사실 이때 팬클럽 회원을 비롯한 그의 지지자들은 매우 힘든 하루하루를 보내고 있었다. 초기 20% 가까이 상대를 앞서던 원순 씨와 나경원 후보가 오차범위 내에서 접전을 벌이고 있었다. 거주자 직접통화방식에다가 1,000명 미만의 표본집단 여론조사이므로 분명 한계가 있는 것이었지만 시간의 흐름에 따른 변화 '추이'는 무시할 수 없었다.

조간신문에 실린 온갖 흑색선전에 아침부터 기분을 잡친다. 출근해 컴퓨터 모니터를 켜면 쏟아지는 원색적인 헤드라인들에 또 한 번 무력감을 느낀다. 미디어로는 원순 씨를 소개하고 알리는 일조차 쉽지 않았다. 도대체 무엇을 어떻게 해야 할지 몰라 답답하기까지 한 지경이었다.

그뿐인가! 일과를 마치고 사람들과 의견을 나누기 위해 팬카페와 페이스북, 트위터에 들어와 보면 우리편이라는 사람들도 날을 시퍼렇게 세우고 서로를 잡아먹지 못해 안달이었다. 그러니 무엇을 하든 그대로 상처가 되었다.

우리는 직업 정치인도 아니고 선거를 많이 치러 본 정당 지지자도 아니었다. 모든 상황을 달관하여 받아들일 줄 아는 성인군자도 아닐 뿐더러 모든 것을 객관적으로 평가할 경험과 지식도 부족했다. 서로에게 내뱉은 한마디 말이 부메랑이 되어 돌아다녔고, 다시 그 상처를 어루만지고 치유하는 일을 하면서 우리는 조금씩 성장하고 있었다. 그렇게 우리는 힘든 시간을 보내야 했다.

급한 일부터 멀티플레이어처럼

시민들과 접촉하며 정책을 가다듬는 원순 씨의 '경청투어' 행보는 계속되었다. 주간에는 나도 후보와 동행했다. 밤에는 관련 콘텐츠를 정리하고 온라인상에서의 의견들을 취합하며 흑색선전을 차단하느라 시간을 보냈다. 새벽 4시나 되어서야 잠을 잘 수 있었고, 아침 일찍 일어나 눈을 비비며 밖으로 나갔다. '대학생 때처럼' 열심히 공부하고 일했다. 그런 모습이 좋았는지 가족들도 응원해 주었다. 무직자로 방구석에서 뒹굴거나 병을 핑계로 드러눕지 않은 것만도 다행이었다. 정말 믿을 수 없는 기적과 같은 시간이었다.

난생 처음 해보는 선거판의 일들이 어렵고 고되어도 지난날 사회생활을 하면서 위기상황마다 느꼈던 '죽고 싶다'는 생각은 들지 않았다. 힘들어도 이겨낼 수 있다는 믿음이 가슴속에 자리잡았다. 물론 한 사람의 팬으로서 자발적으로 하는 행동이니만큼 부담이 없어서 그랬는지도 모른다. 중요한 의사결정을 하는 자리도 아니었고, 업무의 결과에 대해 책임을 질 필요도 없기 때문에 그만큼 마음이 가벼웠을지도 모른다.

분명한 것은 '내가 좋아서 하는 일'이었고, 오롯이 '내가 스스로 쓰는 시간'들이었으며, 억지로 하는 일과가 아니라 내 의도대로 운용하는 시간들이었다. 원순 씨가 내게 준 소중한 기회요, 경험이라고 생각하니 고마웠다.

과거와 현재를 통해 노동자의 미래를 듣는다

원순 씨의 경청투어 열여섯 번째 순서는 금천구 '가산디지털단지' 내 벤처기업인들과의 만남이었습니다. 가산동은 1960년대에는 구로수출산업공단 중 2, 3공단의 공장 밀집지역으로, 공단 근로자들이 사는 다세대주택이 많았습니다. 그러나 1980년대 이후 제조업체들이 생산비용이 싼 지방으로 이전하면서 공단 5거리를 중심으로 의류 상설할인매장 상가가 형성되기 시작하였습니다. 1999년 금천구는 이 일대를 패션전문 거리로 특화시킨다는 계획을 발표하기도 했습니다.

'가산디지털밸리' 또는 '가산디지털단지'로 불리는 이곳은, 1960년대에 국가산업단지로 지정되어 섬유·봉제산업 업체들이 모여 있던 구로공단이 '서울디지털산업단지'로 2000년 12월 명칭을 바꾼 것입니다. 구로산업단지 첨단화 계획에 따라 고부가가치 첨단·정보지식형 산업을 유치한 결과 2000년대 중

반부터 IT벤처타운으로 급속하게 성장했습니다.

원순 씨는 아이브이텍 등의 벤처기업 사업장을 방문하여 기업환경을 둘러보고, 가산디지털단지 내에 입주한 벤처기업 CEO들에게서 벤처사업 현황 및 이슈 등을 전해 들었습니다. 디지털단지 내에는 아이브이텍과 같은 영상장비를 생산하는 IT 제조업, 전기 자전거를 개발하는 대안 벤처, 재해피난시설을 만드는 제조업체, 패션브랜드 제조업, 그리고 기타 소프트웨어나 IT 서비스업 등 다양한 회사들이 들어와 있었습니다.

이들은 이날을 기다려왔다는 듯 원순 씨에게 그동안의 고충을 토로하며 여러 가지를 주문했습니다.

- 기업 운영 시스템의 미비
- 인력 확충의 어려움
- 교통환경을 비롯한 기반 인프라의 취약성
- 근무환경과 주변환경 보완

원순 씨는 시에서 주관하는 공동운영센터(Shared SVC Center)의 설립을 통한 인프라 구축과 운영체계, 인력의 공유에 대해 제안했습니다. 문화와 기업환경, 시스템에 대한 연구와 지원이 적절하게 이루어진다면 우리나라에서도 스티브 잡스나 빌 게이츠 같은 걸출한 인물이 나올 것이라는 데 동의했습니다.

이후 민주노총 서울지역본부 결의대회에 참가하여 위원장들과 간담회를 하고 참가자들과 이야기를 나누는 일정이 이어졌습니다.

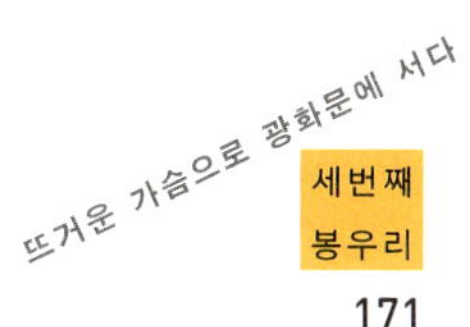

가산·구로디지털단지는 과거 60~80년대 산업화의 전초기지였던 수출공업단지입니다. 이곳에서 지난 1985년 '구로동맹파업'이라는, 6·25전쟁 이후 노동자들 최초의 '정치적 동맹파업'이 발생했습니다. 파업은 패배했지만 이후 노동운동의 흐름에 큰 영향을 주었는데, 이 구로동맹파업의 변호를 원순 씨가 작고하신 조영래 변호사와 함께 맡아 진행했다는 사실을 알게 되었습니다. 반갑고 신기한 일이 아닐 수 없습니다.

오늘 그의 행보는 '과거'를 '현재' 속에 녹여 우리 노동자들이 미래를 어떻게 만들어 갈 것인가를 모색함에 있습니다. 이는 되새겨야 할 역사의 의미를 현재에 실천하는 걸음이기도 합니다. 지금의 IT 종사자나 벤처기업의 일꾼들이 제도 안에서 꿈을 펼치기에는 어려운 점이 많습니다. 그것이 우리의 현실입니다.

가까이서 지켜본 원순 씨는 총론은 물론 각론에도 충실한 현장주의자의 모습이었다. 특히 원순 씨의 '메모습관'은 정말 경이로웠다. 나도 기록과 정리에 관해서만큼은 둘째 가라면 서러운 사람인데, 원순 씨에 비하면 어림도 없었다. 그의 정보수집 양과 능력은 정말 대단했다. 그의 번뜩이는 아이디어와 실행의 힘은 바로 '메모'에서 시작한다는 사실을 알게 되었다.

시장 당선 이후 그는 자신의 꼼꼼한 메모를 바탕으로 실무자 못지 않은 지식과 정보를 가지고 시정에 임하여 서울시 공무원들을 긴장하게 만들었다고 한다. 기분 좋은 긴장감이 아니었을까?

적바림(메모)꾼 원순 씨, 메모의 힘

메모란 메모랜덤(memorandum)의 준말입니다. 우리 말로는 '적바림, 적발'이라고 합니다. 간단히 적어두는 것을 '적바림한다'고도 합니다.

현대사회는 정보의 시대를 넘어 정보의 전쟁시대입니다. 그 정보는 시간이라는 급한 물결 속에 잠겨 버리기 마련입니다. 자고 나오면 새로운 정보가 나오고 묵은 정보는 그 색이 바래 버립니다. '시간'이라는 가로축과 '필요'라는 세로축의 교차점은 그야말로 점과 같은 순간이기에 기록에 어려움이 많습니다. 그래서 메모의 기술과 그 힘이란 대단한 것이라고 여기고 있습니다.

메모란 종이에 쓰는 것이 아니라 마음에 쓰는 습관이라고 했습니다. 기억은 마음의 저장고이고, 메모는 바로 그 기억의 저장고이기 때문입니다. 물리적인 한계를 지니고 있는 인간의 기억 용량을 보충해 줄 수 있는 것이 메모 습관입니다. 그뿐 아니지요. 메모를 함으로써 기억하려고 애쓰는 에너지를 다른 곳에 쏟아부을 수 있습니다. 그것은 생각과 기록을 넘어 행동하는 '실천'의 에너지로 승화됩니다. 메모하는 사람은 결국 행동하는 실천가라고 해도 과언이 아닙니다. 모양새만 갖춘 채 듣는 척하는 사람보다, 듣고 적고 느끼고 행동하는 지도자가 필요한 때입니다.

원순 씨와 동행하는 동안 그의 곁에 항상 있던 것은 검은 복장의 보디가드도, 화려한 의상을 준비하는 코디네이터도 아닌 주황색 메모수첩과 옷깃 곳곳에 꽂아 둔 볼펜들이었습니다. 그는 메모의 달인이며, 메모 애호가이며, 메모광입니다.

그래서 그는 실천가입니다. 원순 씨의 메모 내용이 궁금하시다면 그의 메모를 실천하게 하면 됩니다. 10월 26일이 그날이 됩니다.

이 글을 '원순닷컴'과 팬카페의 희망기자 동행취재기에 올리고 당분간 '동행취재기'는 접기로 했다. 본격적인 선거운동이 시작되면서 원순 씨의 일정이 자연스럽게 미디어에 노출되고, 캠프에서도 인터넷 TV를 통해 유세일정을 영상으로 담기로 했기 때문이다.

선거기간 중 누구보다 열심히 일했던 사람들이 지쳐 돌아가거나 또 서로간의 갈등으로 나가떨어지는 경우도 더러 있었다. 안타깝게도 개인적인 사정으로 그만두는 사람들도 있었다. 그러다 보니 보다 힘있고 효율적인 메시지를 전해야 한다는 생각이 들었다. 더 열심히 일하고 싶다는 욕망에 다름없었다.

실제로 팬클럽의 주축 멤버들이 캠프로 속속 합류하게 되는데, 대부분 시민유세단으로 흡수되었고 일부는 '2030 청년모임'의 주축이 되어 모든 영역에서 멀티플레이어로서의 역할을 해야 했다.

10월 3일 경선 이후 상황이 많이 달라졌다. 경선 직후 팬클럽 회원 대부분은 '드림팀' 캠프에서 기획하고 진행하는 각종 유세 프로그램과 행사에 적극적으로 참여하려고 했다. 그러나 상황은 여의치 않았다. 무엇을 따질 시간도 여유도 이유도 없었다. 너나 구분 없이 눈에 보이는 급한 일부터 우선 하고 보는 그런 마음으로 서로를 응원했다.

희망합창단
단원이 됩시다!

풍랑으로 요동치는 하루하루를 보내는 중 드디어 10월 13일 공식 선거기간 개시일을 맞이했다. 자정이 되자마자 가락동 수산시장을 방문했다. 시장 상인들과 눈을 맞추고 이야기를 나누면서 활기찬 시장의 기운을 함께한다는 의미의 첫 공식 일정이었다. 잠시도 숨 돌릴 시간 없이 원순 씨는 빡빡한 하루를 소화해야만 했다.

10월 13일 오전 7시 30분, 출근길 시민들과의 거리 인사가 시작되었다. 회현역 입구에서 남대문시장으로 들어가는 곳에는 취재진이 포토라인을 치고 기다리고 있었다.

선거운동원들이 '기호 10번 무소속 박원순 후보'를 상징하는 연두색 앞치마와 머릿수건을 하고 시민들에게 깍듯이 인사했다. 원순 씨도 가벼운 점퍼 차림으로 시민들과 악수를 나누었다. 노점 아주머니의 김밥을 사서 취재기자들과 나누어 먹기도 했고, 식당골목에서 상인들의 고충을 듣는 시간도 가졌다.

원순 씨는 재래시장에서 가장 편한 모습이었다. 모습이 잘 어울리기도 했고, 시장 상인들과 이야기를 나누고 자신의 의견을 전달하는 모습은 그 어디에서보다 활기찼다. 평소 재래시장에 대해 조사하고 연구한 것이 많으니 더욱 자신이 있었던 것 같다.

오전에는 광화문 광장 세종대왕 동상 앞에서 야권 단일후보 선거출정식이 진행되었다. 여기에는 각 정당 대표들과 시민사회 대표, 그리고 시민들로 구성된 선거본부의 모든 일꾼들이 참여했다. 한명숙, 손학규, 유시민 공동선대위원장과 이정희 민주노동당 대표, 그리고 원순 씨의 출정연설이 이어졌다. 상대편이 그렇게 경계했던, 내부에서는 다분히 우려하면서도 기대했던 선거캠프의 진용이 그 모습을 드러내는 순간이었다.

나는 정당정치의 필연성에 대해 아직도 많은 의구심을 갖고 있다. 하지만 조직화된 행동의 양상이나 합일성이나 충성도에 대해서는 감탄할 부분이 많았다. 그런 정당조직이 하나도 아니고 야권 모두 결집한 것이나 마찬가지였으니 그 모습은 장관이었다. 각 정당 간의 조율과 화합을 이끌어내기에 어려움이 있을 것이고, 과정은 물론 결과 이후에도 서로 간의 이해관계에 따라 평가가 달라질 것임이 자명하지만, 그럼에도 이날 보여준 모습은 기대를 가지기에 충분했다.

　서민적인 행보와 효율성을 강조하기 위해 장만한 소형트럭 '타우너' 유세차는 작거나 초라해 보이지 않았다. 그리고 끝까지 선거캠프 합류에 이견이 있었던 민주노동당의 전격 참여는 이후 유세과정에서 없어서는 안 될 필살기를 획득한 것이나 마찬가지였다. 이념적 성향이나 정치행보를 떠나 민주노동당의 합리적 의사결정과, 참여가 결정된 후 온 몸을 내던지는 열정적인 모습에 모든 회원들이 찬사를 보냈다.

　이처럼 본격적인 선거운동 기간을 맞이해 팬클럽 및 지지자들도 합리적이고 효과적인 진행을 위해 외부 유세를 중심으로 활동계획을 집중시켰다.

첫째, 광화문 유세에 참여합시다.

13일부터 선거 전날까지 매일 저녁 6시~9시 사이에 광화문 광장에서 '박콘 : 박원순과 함께하는 거리 이야기 콘서트'가 열립니다. 전통적인 유세방식을 탈피한 새로운 시도입니다. 매일 저녁 이야기 손님(조국, 공지영, 문성근 등)과의 토크 콘서트, 시민들의 자유발언 시간이 있고 합창도 합니다. 시민들이 직접 참여할 수 있는 공간이 많은 신선한 방식! 함께 즐길 수 있길 기대합니다. 팬클럽은 광화문 유세장을 거점으로 모여 함께하는 시간을 가지면 좋겠습니다!

둘째, '희망합창단'의 단원이 됩시다.

유세에 참여한 시민들이 합창을 하는 이벤트입니다. '희망합창단'은 세 가지 미션을 수행합니다.

1. 22일(토) 희망대합창까지 노래 2곡('상록수' 외 1곡)을 완창한다.

2. 매일 원순 씨 관련 선플(또는 리트윗 3개)을 단다.

3. 투표참여대작전 '55%를 잡아라'(세부계획 추후)입니다.

보다 더 적극적인 지지활동을 할 수 있는 공간이라 봅니다.

"단순한 노래가 아니라 우리가 함께할 수 있는 '무엇'이 필요했습니다."

- 희망합창단 단원 조국 교수님

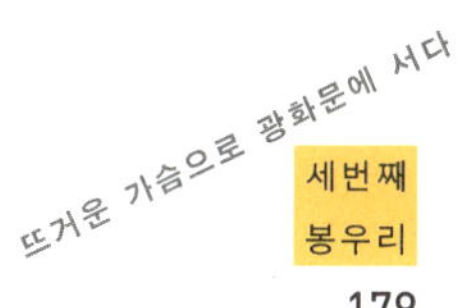

"'희망합창단원'이 되려면 아래 링크를 통해 온라인으로 신청하거나 광화문 콘서트에 참여하는 것만으로도 함께하실 수 있습니다. 쉽지요오~ 클릭 클릭!
http://www.wonsoon.com/notice/sing

셋째, 지역모임 등 소모임을 만듭시다.

지역 모임, 청년모임이 개설되고 있고, 매일 크고 작은 모임이 열리고 있습니다. 참석자를 중심으로 적극적인 활동을 펼치고 지역유세에도 참여하면 좋을 것 같습니다.

선거운동에서부터 변화를 만들어 나갔으면 합니다. 자발적으로, 즐겁게, 한 분 한 분의 힘으로 축제처럼!

그럼 광화문에서 만나요.

13일부터 개시된 공식 선거활동은 몇 개의 대형 프로그램으로 먼저 포문을 열었다.

한 가지는 바쁜 원순 씨의 행보에 너무 의존하지 않고 매일 저녁 광화문 광장에서 열리는 '박원순과 함께하는 거리 이야기 콘서트(약칭 : 박콘)'가 그것이었고, 두 번째는 원순 씨가 직접 선택한 지역을 방문해 이야기를 나누는 새로운 개념의 유세방식인 경청카페 '마실'이 그것이었다. 세 번째는 각 지역의 정당조직이나 지역조직이 자체적으로 거리 유세를 나서

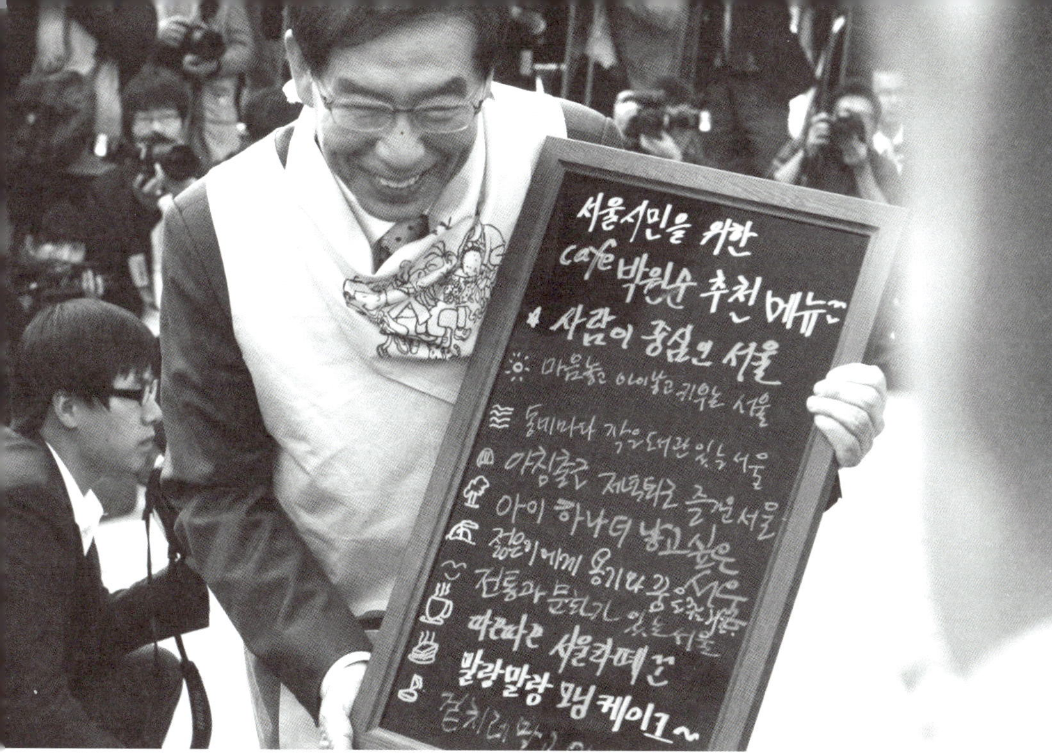

고, 출·퇴근 인사를 나누거나 유명인을 초청해 진행하는 선거운동 방식으로 구성되었다.

마지막의 지역유세도 '마실' 형태로 진행하거나 '박콘' 형태로 진행하려는 시도가 있었으므로, 크게는 두 가지 형태의 유세방식과 원순 씨와 시민의 만남을 위한 '경청투어' 지속, 관심장소 방문 등으로 이루어졌다고 할 수 있다.

토크 콘서트로
마실을 가다

우선 '박콘'은 매일 광화문 광장에서 열렸다. 첫날이었던 2011년 10월 13일의 첫 번째 콘서트가 생생하게 기억난다.

날씨가 갑자기 쌀쌀해진 때문인지, 홍보와 조직동원의 부족함이었는지는 모르겠지만 너무나도 썰렁했고 진행조차 매끄럽지 못했다. 그럼에도 불구하고 이야기 손님으로 방문한 문성근 '국민의 명령' 대표는 허전한 객석을 채워주기라도 하듯 대리석 바닥에 앉아 자신의 차례를 기다리며 오래도록 함께해 주었다. 그러다 순서가 되자 유세차량에 올라 진행자와 이야기 콘서트를 진행하며 자신의 세계관과 정치관을 진솔하게 얘기해 관객들의 호응을 이끌었다.

여러 가지 면에서 부족한 점이 많은 첫 콘서트 유세였다. 하지만 그 구성과 내용은 매우 충실했다. 시민들과 지지자들, 캠프 유세단의 자유유세를 진행하고 '시민악대' 등과 흥과 뜻을 나누는 공연이었으며, 마지막으로 유세의 하이라이트인 초대손님과의 토크 콘서트 순으로 '박콘'은 진행되었다.

첫날은 홍보가 덜 되어 참석자도 많지 않았고 분위기가 썰렁했지만 횟수가 거듭될수록 사람도 많이 모였고 진행도 매끄러워졌다. 결국 역전의 발판을 마련한 10월 22일 '광화문 집중유세'와 10월 25일 '마지막 거리유세' 때에는 절정을 이루게 되었다. 아주 참신하고 효과적인 기획이었다.

경청카페 '마실'은 '실시간 신개념 유세'라는 이름으로 세상에 소개되었다. 형태는 0.5톤짜리 화물트럭을 개조해 만든 선거유세차량 '경청카페'에 후보와 이야기 손님이 걸터앉아 시민과 실시간으로 소통하며 대화를 하는 유세방식이었다. 캠프에서는 '마'음을 나누는 '실'시간 경청유세라고 설명해 주었고, 시민의 의견으로 정책을 만들고 다듬는 신개념의 유세라며 이 프로그램에 심혈을 기울였다. 사실 '마실'이라는 말의 어원 자체가 이 경청카페 '마실'의 형식과 의미를 잘 나타내 주고 있다. '마실'이란 '마을'의 산간지역 사투리로, 마을에 놀러 가거나 일손을 도와주러 갈 때 '마실 간다'라고 표현한 데서 유래한 것이다.

이와 같은 실시간 쌍방향 소통방식은 사실 처음 시도되는 형식은 아니었다. 국내에서 처음으로 시도된 것은 맞지만 미주권의 선거유세, 특히 미국 대선후보들의 지역유세 중에 등장하던 '타운홀 미팅'의 변용이

었다. 타운홀 미팅은 정치권뿐 아니라 일반 기업에서 최고경영진과 실무진의 의사소통과 비전 공유를 위해 오랫동안 이용하고 있는 커뮤니케이션 방식 중 하나이다.

마실은 타운홀 미팅 방식에 이전 '코리아스픽스' 등에서 진행했던 어시밀레이션(assimilation) 방식의 '동화(同化)' 프로세스를 차용한 것 아닌가 싶다. 거기에 현재 커뮤니케이션 미디어 환경을 접목해 스마트 디바이스로 질문을 받고, 인터넷 스카이프 어플리케이션을 통해 캠프내의 토론중재자(facilitator)에게 취합되어, 실시간으로 마실 진행자와 참여자에게 보여주고 답을 듣는 식의 토론이었다. 이는 예전 직장에서 진행했던 '혁신을 위한 잼 콘서트(innovation jamming)'와 유사했다.

이처럼 성공적인 사례를 잘 받아들여 정치운동과 이벤트를 접목시킨 것은 새롭고 참신한 아이디어였다. '기존 정치인'이었던 상대후보와 내용이나 형식 면에서도 뚜렷한 변별점을 두어 차별화를 꾀한 것이 주효했던 것이다.

그러나 문제점도 많이 노출되었다. 이전의 유세방식에 익숙한 유권자들이 많았고, 그들이 쉽게 적응하기에는 프로세스가 너무 복잡했다. 게다가 처음 시도되는 것이다 보니 진행상의 허점도 너무 자주 나타났다.

첫 번째 '마실'은 10월 14일 저녁 대학로 마로니에 공원에서 진행되었는데, 무엇보다 진행방법상의 문제가 있었다. '스마트 경청 유세단'이라는 운동원들이 스마트 디바이스를 갖고 시민의 품으로 다가가서 의견을 취합하면, 토론중재자들이 원격으로 의견을 유세차 전광판에 보여주고, 이를 받아 본 후보와 토론 손님이 대답을 하는 방식이었다. 그런데 0.5톤 트럭에 설치된 전광판 시스템은 해상도가 극히 낮은 영상용 램프 모니터였다. 글자가 보이지 않았다. 그리고 여러 가지 미흡한 준비로 인해 시간이 많이 소요되었다. 또 스카이프만에 의존한 의견 취합과 분석 방식에는 한계가 있었다. 이미 상용화되고 있으며 큰 비용이 들지 않는 어플리케이션을 응용하면 더욱 효율적이었을 것이라는 생각이 스쳐 지나갔다.

결국 이날 마실은 이런저런 방법으로 취합된 의견을 원순 씨와 토론 손님이 태블릿 PC로 보고 관심사항을 골라 질의하고 답변하는 식으로 진행되었다. 웅변조의 일방적인 연설 유세가 아니어서 참신하게 느껴지긴 했지만 준비 부족으로 많은 사람들이 참여하여 즐기지 못한 것도 사실이다. 오히려 맞은편 길거리 공연팀을 보려는 관객이 더 많을 정도였다.

여성단체에서 초청된 유명한 진행자가 마이크 한 번 잡지 못한 일은 해프닝 중 일부에 불과했다. 안 그래도 궁지에 몰리고 있는 상황에서 유세 방식의 이런 '새로움'은 어떤 사람들에게는 도박처럼 보여졌다. 지지자들과 유권자들은 원순 씨에게 마이크를 잡고 연단에 올라 호소하고 포효하기를 계속 요청했다.

'마실'은 장소와 기술 및 기타 등등의 문제로 인해 전통적인 유세방식으로 바뀌었다. 기술상의 문제보다 시민들을 직접 만나고 그들의 의견을 귀담아 들으며 고된 현실에 지친 시민들에게 경청의 토크 유세는 한가로

움으로 보여질 수 있겠다는 원순 씨의 판단에 의한 것이었다. 그들에게
는 아픔을 함께 공감하고 같이 싸워 줄 사람이 필요했다. 원순 씨는 자신
의 느낌을 믿고 바로 행동으로 옮겼다.

여러 가지 한계점을 노출시켰음에도 불구하고 '마실'이라는 커뮤니케
이션 기획은 언젠가 다시 잘 살려서 리더와의 소통을 위한 소중한 도구
로 사용되었으면 한다.

새로운 아이디어와 정치구조를 바꾸어 줄 기술은 잘 살펴보면 주변에
널려 있다. 다만, '어떻게' 운영하는가에 대한 보다 심도 있는 고민과 실
천이 필요함을 배울 수 있었다.

한밤에 부르는 노래

나는 '박원순 팬클럽'이었다. 혹자들이 그의 유세방식에 대해 너무 뭘 모른다고 손가락질하고 그의 정정당당한 승부를 폄하해도 나는 그를 믿어 의심치 않았다.

경청카페 '마실'이 처음 열린 그날 팬클럽 회원들과 번개를 도모했다. 침체되어 있는 선거국면에 활력을 불어넣고 지쳐 있는 원순 씨를 응원하자는 취지에서였다. 우리에게도 힘을 한 번 더 낼 수 있는 국면이 필요했다. 그렇게 마련된 조촐한 번개자리에서 원순 씨와 우리는 서로를 격려했다.

다음 일정 때문에 원순 씨가 자리를 떠나고 우리도 자리를 옮기려는데 전화가 왔다. 텔레비전용 광고촬영을 위해 40여 명의 시민이 필요하다는 캠프의 요청이었다. 그것도 그날 밤 당장!

남아 있던 인원 열 몇 명이 촬영장으로 급히 발길을 옮겼다. 이미 여러 명의 시민들과 팬클럽 회원들이 모여 합창연습을 하고 있었다. 음악감독의 주문대로 이번 합창의 주제곡인 '우린 하나 되어 이겼어'를 반복해 부르기를 수십 번, 결코 쉬운 노래가 아니었다. 그렇게 연습을 하며 자정을 넘길 때쯤 문성근 대표, 이해찬 전 총리, 한명숙 전 총리, 문재인 대표, 유시민 대표, 이정희 의원, 노회찬 대표, 최규엽 의원, 박영선 의원, 이인영 의원, 손학규 대표, 공성경 대표 등 희망캠프 선대위 소속 정치인들이 한 명 한 명 도착했다. 조국 교수, 신경민 전 앵커, 가수 이은미 등 멘토들까지 나타나자 장내는 알 수 없는 열기에 휩싸였다. 그들은 시민들이 열심히 카메라 앵글을 만들고 사전 녹음을 했던 자리에서 본격적인 광고촬영이 시작되었다.

앞선 녹음이 카메라 앵글 연습이었다는 이야기를 미리 듣지 못했어도 아쉬움이 없었다. 함께 모여 희망의 대합창을 부르는 모습을 보는 것만으로도 즐겁고 행복했다.

나는 그 순간 우리가 이길 수 있는 방법은 단 한 가지임을, 하나 된 마음으로 한 목소리를 내는 것뿐임을 확신했다.

통합의 대합창: 우리가 승리하는 법!

통합이란 결실은 타협이란 씨앗으로부터 태동됩니다. 타협이란 씨앗은 양보란 거름으로 꽃을 피우게 됩니다. 통합이란 서로 다른 것들이 하나의 목표를 위

하여 하나의 방향을 바라보는 것입니다. 제각각 자기 모습을 간직한 채 하나의 모습을 보이기란 정말 어려운 일입니다. 하지만 그것을 이루어내고 마는 것이 진정한 변화의 바람일 것입니다.

공식 선거운동이 시작된 첫 주말에 그 통합의 희망을 볼 수 있었습니다. 원순 씨의 텔레비전 광고를 촬영하기 위해 깊은 밤 서울 모처에 사람들이 모이게 되었습니다. 어디 소속의 누구라고 거론하기에도 버거운 분들이고, 또 굳이 그렇게 이야기하지 않아도 될 분들이었습니다.

정당 조직도 없고, 정치도 초년병인 시민사회단체 출신의 야권통합 후보가 거대 여당과 상대하고 있습니다. 정말 어렵고 힘든 여정으로 보입니다. 고된 행보의 일정으로 피곤한 발바닥보다 서로 다른 사람들과 함께한다는 것이 더욱 무거운 마음의 짐이 됩니다. 그러나 쉽게 이루어지는 것이라면 벌써 이루고 말았을 것입니다.

선거라는 거대한 정치 이벤트 앞에서 벌이는 그의 새로운 시도는 자칫 위태로워 보이기까지 합니다. 하지만 제대로 방향이 설정된 변화는 잘못된 것이 아닙니다. 그저 익숙하지 않은 것일 뿐입니다. 그러나 이렇게 어렵고 껄끄러운 일을 가능하게 하는 것은 위에 계신 분들만의 노력이 아닙니다. 우리 모두의 하나된 합창입니다. 바로 여러분 말입니다.

긍정적인 사람들은 재난 속에서 기회를 찾고, 부정적인 사람들은 기회 속에서도 재난을 찾아 다닌다고 합니다. 무엇이든 비판하기는 쉬운 일입니다. 비판은 건강한 활동으로 새롭게 태어나기도 하지만 비판만 하는 것은 자칫 벼린 칼끝을 자신에게 겨누게 되는 결과를 낳게 됩니다. 이제는 무딘 칼끝이라도 한 방향으로 모을 때입니다.

정치란 먹물 속의 진주를 꺼내는 일이라고 합니다. 진주를 꺼내려면 결국 손을 까맣게 물들일 수밖에 없다는 이야기이지요. 요즘의 거대 여당의 공세와 허위비방, 흑색선전은 부글부글 끓는 거대한 먹물탕을 자꾸 연상시킵니다. 왜 진주를 까맣고 악취 가득한 물 속에 남겨두어야 할까요? 깨끗한 물로 옮겨 담거나 까만 물을 하얗게 만들 수는 없을까요?

그 답은 여러분의 작은 실천에 달려 있습니다. 10월 26일 우리 모두 까만 물에 물타기해서 맑은 물 속에서 영롱한 진주를 건져봅시다. 10월 26일 당신의 두 손으로! 가득 핀 열 손가락으로! 활짝 벌린 열 발가락으로!

2011. 10. 14
희망의 대합창 이룩 팬클럽 게시판

‘밥’이 일깨워 준 초심,
그리고 상식

우리의 다짐과 결의에도 불구하고 흙탕물을 뒤집어 쓴 선거 분위기는 좀처럼 정화되지 못하고 있었다. 그런 중에도 온라인에서는 캠프의 제안대로 ‘희망 ON 캠페인’, ‘나비 날자 캠페인’ 등 참신한 아이디어가 이어지고 있었고, 커널 TV와 야권통합세력에서 전문가들이 합류해 ‘원순 TV’ 인터넷 방송과 유세 생방송, 동영상 콘텐츠의 제작과 배포에 힘을 쏟고 있었다. 팬클럽과 지지자들도 각자 지역에서 열리는 유세활동에 최대한 참여하면서 역전을 도모했으며, 원순 씨는 정신 없이 바쁜 중에도 시민들과의 만남인 경청행보를 계속했다.

10월 17일은 ‘세계 빈곤 퇴치의 날’이었다. 원순 씨에게는 최일도 목사가 잘 일구어 놓은 ‘밥퍼 나눔 공동체’에서 쌀가마 전달과 노숙인들을 격려하는 일정이 잡혀 있었다. 나는 잠시 접었던 원순 씨 동행취재기를 이날 다시 게시했다. '밥 이야기'를 써보고 싶어서였다.

밥이 하늘이다 – 밥퍼 나눔 운동본부, 그리고 밥 선거

올 가을은 햇볕이 유난히 따가운 날들로 가득 차 있습니다. 여름철, 분노처럼 쏟아낸 빗줄기를 대신 사과라도 하듯 잠깐의 꾸물거림 후엔 어김없이 맑은 하늘을 내어줍니다. 이런 기후 덕에 올 농사는 양적으로나 질적으로나 잘 되어야 합니다. 하지만 농민이나 그 농작물을 받아들고 섭생하는 시민의 가슴은 아직도 마르고 말라 갈라터진 황무지와 같습니다.

선거의 막바지로 치닫는 월요일, 오늘 원순 씨의 행보 중 '밥'과 관련한 행보가 있었습니다. 바로 최일도 목사의 나눔 공동체인 '밥퍼 나눔 운동본부'에서의 배식 봉사일정이었습니다. 선거 때에 맞춘 기획행보라고 할 수 있습니다만 우리는 이 기획의 참된 의미를 알아야 합니다. 바로 이 선거는 '밥'으로 인해 벌어진 재보궐선거이기 때문입니다.

우리는 무상급식 주민투표와 그로 인한 서울시장 재보궐선거를 치르면서 400억이라는, 쓰지 않아도 되는 선거비용을 거리에 쏟게 됩니다. 이 직접비용을 제외하고 선거에 투입된 언론들의 운영비용, 각종 단체들의 추가 정책비용, 그리고 자원봉사자들의 계산할 수 없는 열정비용 등을 합하면 그 비용은 어마어마할 것입니다. 물론 이와 같은 재화의 순환이 순기능도 발현하겠지요. 그러나 그와 같은 재화는 결국 20%도 아닌, 10%도 아닌 1%의 주머니로 그대로

들어가게 되어 있기에 정말 총체적 난국이라 할 수 있습니다

순수 선거비용 400억이면 서울시 전체의 초·중·고 학생 132만 명이 10일 동안 먹을 수 있는 급식비용입니다. 저녁 돌봄이 없는 13만 아동들의 석식을 100일 동안 책임질 수 있는 비용이기도 합니다. 계산되지 않은 간접비용을 더한다면 우리의 노력 없이 사회적인 공동합의를 통해 간접적으로 선한 기부를 할 수도 있었을 것입니다. 그런데 이 비용을 땅바닥에 버리면서 단계적 무상급식을 주장하는 한나라당 후보에 대한 미련이 있다면 상식적인 사고라고 할 수 있을까요? 보편적 무상급식은 찬성하지만 시장으로서의 여러 가지 자질을 생각해야 한다는 이야기는 궤변이 아닐 수 없습니다. 그런 논리는 위법적인 흑색선전과 흙탕물 싸움으로 인한 정치참여 의욕의 저하를 불러올 뿐입니다. 바로 저들이 바라는 것이지요.

이제 순진한 생각은 잠시 일기장 깊숙이 넣어두시기 바랍니다. 콘크리트로 도배된 숨쉴 수 없는 땅 서울을, 시민에게 계급이 부여되고 잘사는 1%를 위한 리소스로 사용되는 서울시민을, 대선의 연습장으로 삼아 시민을 정치에서 지워버리는 서울시정을, 그리고 내 아이의 미래가 천민자본주의 추종자이자 율사 출신의 40억대 자산가로 그치길 바라는 잘못된 희망을 과감히 끄집어내시기 바랍니다. 거리로 나와 분노하고 요구하고 동참을 호소해야 합니다. 투표의 결과로 그들의 오만함을 심판해야 합니다. 그것이 하늘의 뜻이고, 하늘의 일이며, 하늘을 지키는 것입니다. 왜냐하면 밥이 하늘이고, 하늘은 밥이기 때문입니다.

부자의 하늘과 가난한 이의 하늘이 나누어져 있지 않습니다. 하늘은 1%의 가진 자들에게만 파란색을 보여주지 않습니다. 하늘은 세상 어느 누구에게나

파란 하늘이기에 밥도 모두에게 평등함으로 베풀어져야 합니다.

10월 26일 그대의 손으로
서울을, 밥을, 하늘을 지켜주세요!

- 밥이 하늘입니다. 하늘을 혼자 못 가지듯이 밥은 서로 나눠 먹는 것.
- 밥이 하늘입니다. 하늘의 별을 함께 보듯이 밥은 여럿이 갈라 먹는 것.
- 밥이 하늘입니다. 밥이 입으로 들어갈 때 하늘을 몸 속에 모시는 것.
- 밥이 하늘입니다. 아아, 밥은 서로 나누어 먹는 것.

이 글은 우리가 선거를 왜 하고 있는지 다시 한 번 생각해 보게 하면서 초심을 묻는 질문에 대한 대답이었다. 그렇다 '밥'이 문제였다. 단지 어린 아이들의 급식 이야기가 아니다. 상식과 원칙에 관한 이야기이다. 우리가 살고자 하는 공동체의 모습은 '잘 먹고 잘사는 것', 그것도 '함께 잘 먹고 잘사는 것'이었다. 따뜻한 밥 한 공기에 대해 차별되지 않는 삶, 그것이 우리가 바라는 최소한이었다. 상식이고 원칙이었던 것이다.

결국 상식과 원칙이 이기는 것이 해피엔딩이다. 우리는 행복한 마무리를 꿈꾸며 힘든 항해를 함께했다. 선거는 이제 그 열기를 더하고 있었다. 우리가 모르는 사이 행복한 결말로의 대역전이 시작되었다. 이미 여러 징조가, 내·외부에서 전조적인 현상들이 나타나고 있었다.

우선, 나경원 후보가 스스로 판 '검증'의 덫에 걸려들고 말았다. 원순 씨의 '월세'를 문제삼았던 장본인이, 자신이 취득하고 처분한 중구의 한 건물로 인해 곤경에 빠지고 만 것이다. 막대한 시세차익은 물론 세를 준 불법유흥업소로부터 고액의 월세를 받았다. 원순 씨의 '국가보안법(국가보안법 폐지를 주장했다는) 발언'을 물고 늘어지더니 정작 자신은 '자위대 창설 기념 행사 참석'이라는 무개념의 행보를 제대로 해명하지도 못했다. 그뿐인가 '강남' 거주자의 서민행보를 비꼬더니 '다이아몬드' 반지 축소 재산등록 사실이 들통났다. 또한 병역기피를 위한 기획입적 운운하면서 생트집을 잡더니 정작 자신의 남편은 '호적분리'라는 묘한 법망의 틈을 이용해 단기사병 근무를 했던 사실이 밝혀졌다. 이밖에 '장애인 알몸 목욕' 논란, 트위터에서 '혼자서도 잘해요' 셀프 댓글(나경원 후보의 트위터에 자신을 칭찬하는 트윗이 올라온 일) 논란 등이 벌어져 창피를 당했다.

하지만 나경원 후보의 발목을 단단히 잡은 것은, 말도 많고 탈도 많은 사학재단의 딸이면서 자신이 재단 이사라는 사실을 숨긴 것과 '1억 원 피부과' 사건이었다.

믿을 수 없는 사실들이 줄줄이 밝혀지는 것을 보면서 내 눈과 귀를 의심했다. 사회적 이슈에 무감각한 것은 물론, 무엇이 잘못되었는지 아직도 잘 모른다는 점에서 충격적이었다. 바로 그것이었다. 무엇이 잘못된 것인지도 모르는 '불감'이 이들의 가장 큰 문제였다.

비단 나경원 후보만의 문제가 아니다. 임기가 얼마 남지 않은 시기에 MB 측근의 비리들이 연일 터져나오고, 검찰과 언론은 그것들을 애써 감추기에 급급했다. 특히 이 기간에 붉어졌던 '내곡동 사저'에 대한 논란과

"원순씨를 구하라!"
<저 째라시의 마수에서
서울을 지켜내자!!!>
조선일보
바로오늘 10월17일(월) 저녁 7시
광화문광장 이순신 동상 앞으로
청정유세'마실'+ 토크콘서트'박콘'
> 유세 : 박원순 후보

청와대의 사저 건립지 번복 소동은 MB 정권의 성격을 단적으로 보여주는 실례였다.

시민들은 이번 선거를 통해 MB 정권과 오세훈 전 서울시장의 실정에 대한 심판을 함께하고 싶어 했다. 점점 어려워지는 살림살이, 엉뚱한 변명이나 말도 안 되는 자화자찬을 늘어놓는 정권, 그것을 그대로 옮겨쓰기에 바쁜 언론……. 시민은 썩을 대로 썩은 권력에 분노하고 있었던 것이다.

여기에 더하여 국제적인 외적 변수가 급등했다. 경기 몰락으로 인한 유럽 국가들의 부도 위기, 미국 금융공학의 허상으로 빚어진 신자유주의의 실패 전조, 그리고 부자와 가난한 자와의 점점 더 벌어지는 갭, 한마디로 극단으로 치닫는 양극화가 온 세계인들을 동요시키고 있었다. 미국 월가에서 시작된 1% 대 99%의 시위는 태평양을 건너 한국에 상륙했고, 국내에서도 "분노하라!"는 목소리가 높아졌다.

반면, 원순 씨에게는 안팎으로 훌륭한 구원군들이 등장하기 시작했다. 아이러니하게도 한나라당의 숨은 도우미 의원 3인방과 캠프로 직접 방문해 주신 '대한민국 어버이연합' 어르신들이 바로 그들이다. 하지만 뭐니뭐니해도 기여도가 가장 컸던 것은 대안 언론으로 등장해 열풍을 일으킨 '나는 꼼수다'였다. 평소 정치에 관심이 없던 한 지인도 이번 광화문 유세에 '나꼼수'를 보러 왔다고 연락을 해올 정도였다. 이처럼 나꼼수의 영향력은 절대적이었다. 나꼼수는 MB의 내곡동 사저 문제, 나경원 후보의 각종 의혹 제기, 그리고 나경원 남편의 네티즌 수사촉구 청탁까지, 고

발췌재의 정신으로 무장하며 언론으로서의 역할을 톡톡히 해냈다.

평소 원순 씨의 철학을 충분히 이해하고 지지하던 나꼼수 구성원들은 상실감이 큰 2040세대의 분노를 직설적으로 대변하는 것은 물론, 답답했던 네거티브 선거 국면에 대한 결정타를 날렸다.

자전거, 게릴라 콘서트, 아롱다롱 넥타이

희망캠프에 이름을 올린 각계의 멘토들도 각자의 영역에서 또는 온·오프라인에서 적극적으로 응원을 보냈다.

2011년 10월 20일, 원순 씨와 멘토단은 인사동에서 샌드위치로 점심을 하며 선거에 대한 이야기를 나눴다. 이날부터 나경원 후보에 대한 여론이 한풀 꺾였다는 것을 느꼈다. 원순 씨는 정말 인복이 많은 사람이었다.

팬클럽 회원들도 응원에 박차를 가했다. 10월 17일 월요일부터 모든 유세를 광화문으로 집중해 마무리하도록 하는 실천계획이 전달되자 매일 퇴근을 광화문 유세장으로 하는 회원들이 늘어났고, 친구와 지인과의 약속을 유세현장으로 잡는 경우도 눈에 많이 띄었다.

그날은 다가오는 겨울을 미리 예고하듯 가을바람이 매우 쌀쌀했다. 추위에도 불구하고 공식 선거기간 개시 이래 가장 많은 시민들이 광화문 광

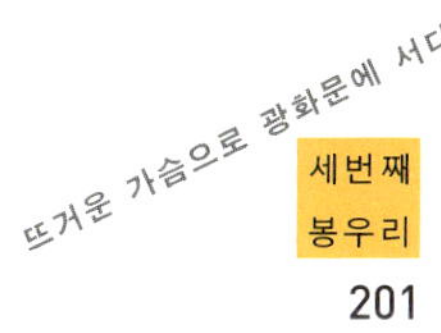

장을 찾았다. 주말부터 장소를 이순신 장군상 앞으로 옮겨 사거리 길목에 위치한 것도 좋았지만, 함께한 노동자 조직의 역할도 컸다. 시민들은 질서 정연하게 끝까지 자리를 지켜주었다. 매서운 바람과 함께 대역전의 기운이 불고 있었다.

10월 19일부터는 얼마 남지 않은 유세를 감안한 강행군이 시작되었다.

10월 19일 수요일: 희망캠프 공식일정

- 07 : 30 MBC 라디오 '손석희의 시선집중' 인터뷰
- 08 : 20 출근 인사(동행 한명숙 전 총리)
- 09 : 00 중소상인 정책협약식
- 10 : 00 박원순 후보의 '서울시민 권리선언' 기자회견
- 10 : 50 중소기업중앙회 간담회
- 11 : 40 여의도 거리인사(동행 한명숙 전 총리)
- 12 : 30 서울시보육시설 가정분과위원회 간담회
- 12 : 50 서울시보육시설 민간분과위원회 간담회
- 15 : 30 박원순 경청유세 마포 마실
- 16 : 30 박원순 경청유세 영등포 마실
- 17 : 40 박원순 경청유세 동작 마실
- 19 : 00 박원순 경청유세 용산 마실
- 20 : 30 MBC 라디오 방송연설 녹음

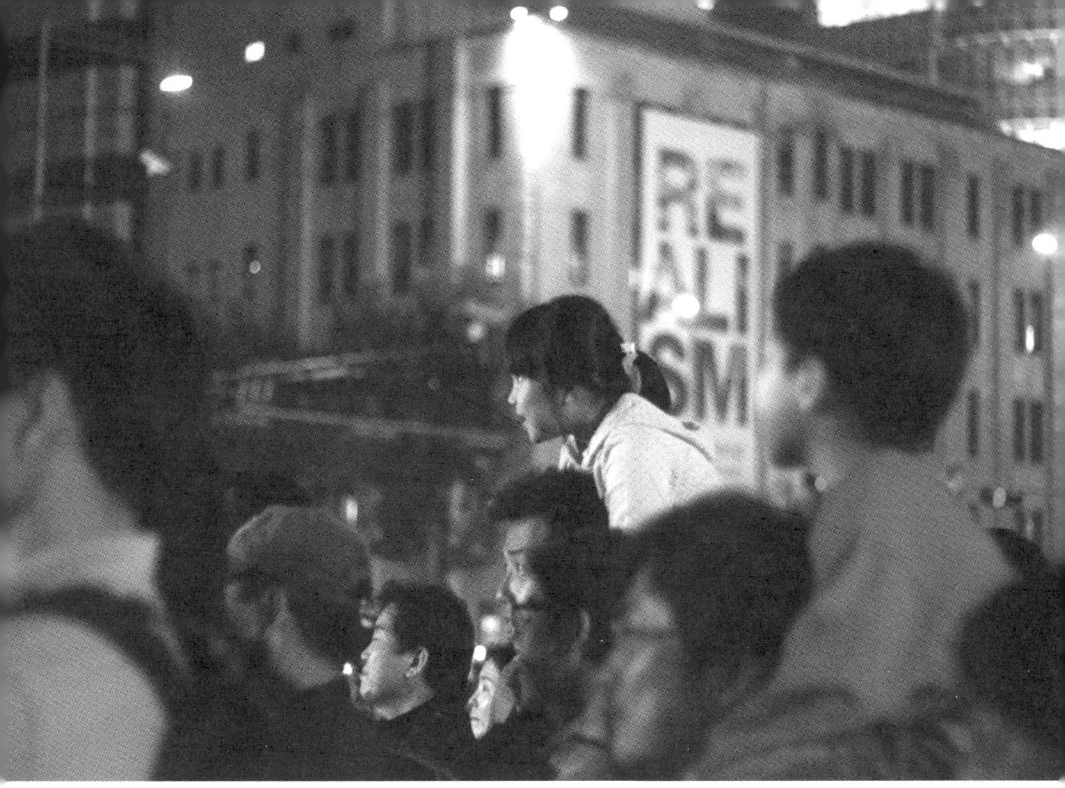

　나도 다시 초심으로 돌아가 원순 씨의 빡빡한 일정을 가까이서 지켜보며 최선을 다하자고 마음을 다잡았다. 이동하다가 시간을 다 보내는 것 아닌가 하는 불안이 엄습하기도 했다.

　도리어 이런 바쁜 일정이 잡념을 잊게 해준 것일까? 유세 중에 만난 시민들의 얼굴과 표정에서 점차 자신감을 갖게 되었다. 원순 씨도 유세 차량에 올라 더욱 힘있는 목소리로 시민들에게 호소하고, 끝까지 함께하자고 약속했다. '마실'이라 이름이 붙여진 경청유세는 이미 전통적인 연설방식의 유세로 바뀌었고, 지켜보는 시민들은 원순 씨의 한 마디 한 마디에 열렬한 반응을 보냈다.

온라인에서는 토론에 대한 아쉬움이나 캠프 당직자에 대한 항의성 글들이 눈에 띄게 줄어들었다. 그리고 점차 격려의 글과 함께 '서울시와 관련된 민원'이 많이 올라왔다. 그들은 이미 원순 씨를 서울시장이라고 생각하는 듯했다. 분명히 판이 바뀌고 있었다.

기록용으로 소지하던 나의 카메라에는 원순 씨나 정치인들의 모습 대신 시민들의 모습이 담기기 시작했다. 그들은 때로는 선거운동원으로, 관중으로, 운전하고 진행하는 자원봉사자로, 열정적인 응원자로 다가왔다. 누구처럼 동원되거나 의무감으로 떠밀려 온 것이 아니라 새로운 서울을 만들기 위해 자발적으로 그렇게 모이고 있었다.

자신의 목소리를 귀담아 들어주는 데가 없어도 담담하게 자신의 자리에서 최선을 다하고 있었다. 서대문, 양천, 구로, 송파 등의 지역에서는 지역 주민들이 자발적으로 조를 편성해 출·퇴근 인사 유세를 지속했는데, 서대문 지역에서는 자전거로 '기호 10번 시민후보 박원순'의 깃발을 달고 지역을 한 바퀴 도는 유세가 있었으며, 대학로 지역에서는 자체적으로 매일 '마실' 유세를 이어갔다. 열세지역이라는 강남, 서초의 열성 지지자들은 스스로 '게릴라 콘서트'를 기획해 강남 한복판이자 상징인 '강남역'에서 유세를 진행했다.

생각지도 않은 지역주민들의 이러한 자발적인 움직임도 뜻밖이었지만 시민들이 보내 준 호응은 더욱 예상 밖이었다. 유세기간 중 강남역에서 수많은 인파에 둘러싸였던 원순 씨는 마지막 날 코엑스 유세에서도 엄청나게 모인 인파에 둘러싸여 열렬한 응원을 받았다.

강남 3구 중 하나인 송파구는 유권자가 가장 많은 자치구였는데, 이곳에서 최종적으로 133,600표를 얻으며 절반 가까이(48.53%) 지지를 받았다. 강남 쪽은 무조건 열세라고 생각했는데 의외의 결과를 낳은 것이다. 한 마디로 깨어 있는 시민의 힘이었다.

유세지역에 어김 없이 출현하는, 흰색 셔츠에 아롱다롱 넥타이를 메고 열정적인 율동으로 분위기를 띄우던 민주노동당 청년당원 율동팀은 정말 잊을 수가 없다. 대부분이 대학생으로 구성되어 있는 이들은 시험이 끝나자마자 달려와 귀중한 시간을 내어주었다. 지친 발걸음의 시민도, 뉴타운 지역의 민원을 제기하러 유세차를 찾은 시민들도 신나는 율동에 잠시 마음이 녹는 것 같았다. 모두가 '내 선거'로 만들어가고 있는 중이었다.

"그렇습니다. 시민이 시장입니다."

그렇다. 우리가 기다린 것은 단숨에 모든 문제를 해결해 줄 슈퍼 히어로가 아니라 희망을 주는 평범한 사람의 얼굴이었다.

슈퍼 히어로의 서바이벌 : 비범한 세력보다는 평범한 진정성

1

미국 만화의 영향이 아니더라도 이 시대를 살아가는 사람들 추억의 한켠에는 '슈퍼맨'이나 '배트맨' 같은 슈퍼 히어로에 대한 동경이 자리잡고 있을 터이다.

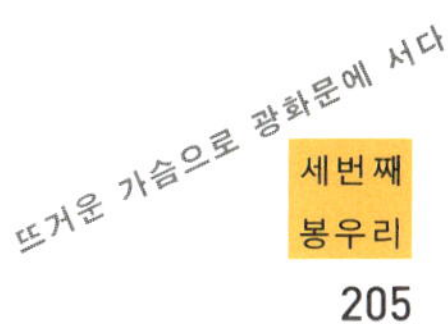

쫄쫄이 바지에 원색적인 팬티를 덧입은 채 망토를 걸치고 머리는 기름독에 빠졌다 나온 것 같은 영웅의 등장이나, 저걸 입고 제대로 뛸 수나 있을까 싶은 시커멓고 육중한 가면에 방탄 슈트를 입은 이의 출동에 우리는 한때 열광하고 환호했다. 어찌 보면 유치 찬란한 공상에다가 마초적 욕구의 표상처럼 보인다.

'만 나이'와 '우리 나이'를 들먹이며 서른 아홉과 마흔을 넘나드는 내 나이에 가끔은, 아니 이따금, 어쩌면 빈번히 마음 속 깊이 그들과의 조우를 기대하고 있는지도 모른다. 이 갑갑한 세상에서 나를 번쩍 들어올려 줄 초인적 영웅을 기대하는 마음은 뭘까?

영웅이라고 해서 꼭 그렇게 요상한 복장을 하거나 엄청난 스펙의 비히클을 타고 나타나는 건 아닐 것이다. 생각보다 쉽게 우리는 주변에서 수많은 슈퍼 히어로를 만날 수 있다. 심지어는 우리의 필요에 의해 만들어내기도 한다. 또 우리는 그들을 평가하고, 때로는 그들의 가면과 신비스런 망토를 벗기기도 한다.

2

미디어 시대라는 말답게 요즘에는 무수한 매체들이 대중의 문화라는 것을 양산해낸다. 그리고 그 문화와 상호작용하는 대중은 스스로 팬덤을 만들어 트랜드를 조성하거나 조금 더 깊은 각성으로 담론이라는 문화비평적 흐름을 생산한다.

그 중에 요즘 넘쳐나는 것들이 이른바 공개경쟁 프로그램이라는 '서바이벌' 형식의 버라이어티 쇼에 대한 유행 현상이다. 〈슈퍼스타 K〉, 〈위대한 탄생〉, 〈기적의 오디션〉, 〈코리아 갓 탤런트〉, 〈TOP 밴드〉, 〈K팝 스타〉 등 각 분야의 숨은 인재를 찾는 선발 방식의 오디션 프로그램부터 〈나는 가수다〉, 〈불후의 명곡 2〉,

〈도전자〉, 〈키스 앤 크라이〉, 〈도전 슈퍼모델〉, 〈다이어트 워〉, 〈사소한 도전 60 초〉 등 탈락자를 가려내면서 끝까지 살아남는 사람을 뽑는 생존경쟁 프로그램까지, 보통 금요일 오후부터 주말의 황금시간대 내내 텔레비전에서는 경쟁과 생존을 보여준다.

각 매체들이 유행과 트랜드에 따라 좌턴, 우턴하며 지르박 스텝을 밟는 것은 어제 오늘 일이 아닐 것이다. 대중문화가 이럴 정도인데, 우리 생활과 직접적인 관련이 있는 정치인이나 행정가를 뽑을 때는 어떨까? 답부터 말하자면 별로 관심이 없고 미지근하다. 세상을 '짠' 하고 바꾸어 줄 슈퍼 히어로를 기다리느라 정작 우리 앞에 온 귀인을 몰라볼 때가 많다.

‘비범(非凡)함’에 대한 동경은 원초적인 것이다. 야생적인 것이다. 그리고 이성이 개입되기 이전의 본능적인 것이다. ‘비범’이라는 단어의 뜻은 사전적인 의미로 ‘보통수준보다 훨씬 뛰어나다’로 정의된다. 그리고 반대말은 ‘평범’이다. ‘비범’함과 가까운 말로는, 그 문장의 의미적 해석에 따라 달라지겠지만 ‘비상’함, ‘특이’함, ‘불범’, ‘이류’ 등이 눈에 띈다. 다시 말하자면 비범함이란 평균적인 기대 이상의 성과나 능력을 나타내는 말인 것이다.

그렇다면 그 비범함의 기준이 될 평균적인 기대라는 것은 절대적이고 합리적인 것인가 하는 원초적인 질문을 던지지 않을 수 없다. 왜냐하면 이 ‘비범’이라는 단어에 대한 단편적 고찰은 자칫 이 사회와 인류에 대한 심각한 오해를 불러일으킬 수도 있는 위험한 일이기 때문이다. 혹 이 비범함을 ‘우수’, ‘양질’, ‘절대적 선’, ‘정답’, ‘이상’과 혼동해서 사용하기도 하는데, 이는 해석의 오류이다. 그것은 사고와 행동의 왜곡을 불러올 수 있을 만큼 위태로운 선택이 된다.

요즘 쏟아지는 공개경쟁 형식의 문화 콘텐츠는 바로 그 비범한 사람을 찾는 게 목적이다. 그런데 서바이벌 프로그램과 정치인을 선출하는 선거는 그 평가기준 방식이 유사하다는 점에서 흥미롭다. 평가하고 심사하는 사람이 있고 그들에 의해 ‘비범’함을 인정받아 살아남는 형식의 콘텐츠인 것이다. 다만, 그 뛰어난 능력이, 평가하고 심사하는 사람들에 따라 비범해질 수도 있고 평범해질 수도 있다는 데 약간(?)의 차이가 있다.

그 평가와 심사는 규정에 의해 선정된 자칭, 타칭 분야별 전문가의 몫이기도 하고, 지켜보는 불특정 다수 대중의 권리이기도 하다. 그러한 이유로 후보는 다수의 대중에게 관심을 받고 이슈를 생산하곤 한다. 바로 '평범'한 대중들이 '비범'한 히어로를 선택하는 짜릿함을 느낄 수 있기 때문이다. 비범함을 결정짓는 기준은 다름아닌 바로 '내 마음'인 것이다. 그들이 열광하는 히어로의 비범함은 절대적으로 우수하거나, 불변의 원칙이거나, 반드시 옳은 선택이 아니다. 어찌 보면 만들어낸 '비범'함은 매우 위험하다.

 **4**

슈퍼 히어로는 존재한다. 그들은 분명 '비범'한 존재다. 그들이 등장하면 '평범'한 우리들은 환호하고 열광한다. 그들은 모르는 사람들로부터 존경받고 사랑받으며 대우받는다. 그러나 그 존경과 사랑과 대우가 그들만의 것이라고 생각하는 순간 세상은 답답해진다. 오해가 생기고 분열한다.

비범한 그들은 우월한 능력으로 권력을 잡고 사람들 위에 지배하고 군림한다. 특히 그 '비범'함이 절대적인 기준이 아니라 대중의 평가에 의해서 결정된 것이라면 위험성은 더 크다.

영화 속의 히어로들도 번민하고 방황하고 일탈한다. 비범한 능력을 가졌지만 그들도 본능은 어쩔 수 없기 때문이다. 혼자서 지구를 지키는 일에 지쳐 미모의 여기자와 가정을 이루려 망토를 벗어던진 슈퍼맨도 그랬고, 복수와 정의 사이에서 번민하다가 오렌지 재벌의 삶을 택한 배트맨도 그랬다.

자신의 본능에만 충실해 하고 싶은 것 다하고 산다면 슈퍼 히어로는 존경과 사랑을 받을 이유가 없다. 영화 속 슈퍼 히어로는 악을 물리치고 곤경에 처한 이들을 구함으로써 이 지구의 평화를 지킬 의무가 있는 것이다.

이 세상은 다양한 사람들이 섞여 살아가는 곳이다. 비범한 사람들을 인정하고 존중해 주는 것도 필요하다. 세상은 그들의 헌신과 기여로 인해 발전할 때가 분명히 있다. 그러나 그들의 비범함은 평범한 사람들의 선택에 의해 결정된다. 그 비범한 능력이 각각 개인의 본연적인 인성보다 무조건 우월하지 않기 때문이다. 다만, 그들이 할 수 있는 영역에서 헌신적으로 그 우월함을 활용하려 할 때 우리는 투표도 하고, 지지도 하고, 인정도 하는 것이다. 그들은 때로는 정치인의 모습으로, 검찰과 경찰의 모습으로, 재벌과 기업인의 모습으로, 한류(인정하기 싫지만)를 이끌어가는 아이돌의 모습으로, 그리고 가끔은 나 자신의 모습으로 이 세상에서 역할을 부여받는다. 그들이 지켜야 하는 것은 '우리'가 사는 지구이지 그들의 쫄쫄이 팬티와 망토가 아니다.

5

얼마 전 〈남자의 자격〉이라는 프로그램에서 '청춘 합창단' 오디션을 보았다. 참 건조해졌다고 스스로 생각하는 남자의 눈에도 눈물이 어렸다. 노구에서 나오는 거친 목소리로 부르는 노래에 사람들은 마음을 빼앗겼다. 여든 살 할머니의 리듬감에서 비범함을 발견할 순 없었다. 그런데 평범한 그들 삶의 한 조각 한 조각들이 비범한 심사위원들을 울렸다. 한때 그분들은 가정과 직장 또는 각자가 속한 사회에서 히어로였을지도 모를 일이다. 진정한 슈퍼 히어로란 이런 것이다. 나보다 삶에 대한 비범한 통찰과 열정이 있는 분들의 진정성이 바로 '슈퍼'의 이유였던 것이다.

비슷한 시기에 우리 정치판에 색다른 인물들이 나타났다. 안철수 바람이 그것이고, 시민후보 원순 씨의 서울시장 출마가 그것이다. 우리는 이들의 '비범'함에 매료된 것이 아니다. 평범한 그들 속에 있는 '비범한 진정성'을 주목하고 존중하는 것이다.

"사람들은 영웅이 필요 없다고들 하지만 아직도 내 귀에는 영웅을 찾는 사람들의 수많은 절규가 들려요."

영화 〈슈퍼맨 리턴즈〉에서 슈퍼맨은 사랑하는 여인을 안고 날며 그렇게 말했다.

돌아온 슈퍼맨의 말처럼 세상에는 수많은 절규들이 떠돌고 있다. 사상 최고의 현금 보유와 초과이익을 내놓고도 해고노동자 복직을 실행하지 않고 미루기만 하는 처사에 항의, 타워크레인에 올라 10개월이 넘도록 버틸 수밖에 없었던 '김진숙' 위원의 경우처럼 그런 말도 안 되는 일이 다시는 없기를 바라는 노동자도 있다. 오륜기 앞장 세워 태극기 거꾸로 들고 환호할 때, 강원도 두메산골 장맛비에 시름시름 앓아 누운 배추농사 짓는 할머니도 있다. 방학이라 어학연수로 바캉스로 우리나라를 떠나는 철없는 '요즘 세대'의 먼 발치에는 보다 나은 내일을 기대하다가 캄캄한 마트 지하실에서 생을 달리한 청년도 있다. 등록금 비싸다고 칭얼대며 술 퍼마시는 학생들의 배설물을 치우는, 화장실에서 먹고 주무시는 어머니들도 있다.

'저마다'라는 다양함이 인지되고 관심받을 때 우리는 주변에서 무수히 많은 '비범인'의 존재를 느낄 수 있을 것이다.

우리에겐 진정한 슈퍼 히어로의 '서바이벌'이 필요하다. 제대로 된 평가와 심사를 받기도 전에 무대에서 내려가는 불상사가 발생한다면 우리 모두에게 비극이 아닐 수 없다.

사람들 속에 있으면 분간도 하기 힘든 평범한 얼굴의 원순 씨에겐 시민과 소외된 이들을 위해 일하고 싶어 하는 진정성이 있다. 그것이 바로 그의 비범함이다. 이제 그를 세상에 세워야 한다. 그 실현방법이 눈앞에 있다. 동참하자.

10월 26일 서울시장 보궐선거에 기꺼이 참여해 투표하면 된다. 집 근처 투표장을 찾아 한 표를 행사하는 정도의 투자로 세상을 바꿀 진정한 슈퍼 히어로를 뽑는다면 얼마나 남는 장사인가!

돌바닥이 보이지 않는
광화문

두 가지 시급하고도 명확한 목표가 생겼다. 하나는 지저분한 공격에도 끝까지 원순 씨를 믿고 남아 있는 지지층의 확실한 결집이었고, 또 다른 하나는 아직도 속내를 털어놓지 않는, 무슨 생각을 하고 있는지 모르는 중간층에 대한 프로포즈였다. 투표에 대한 관심도를 높여 참여를 유도하는 것이 그 전에 할 일이었다.

원순 씨와 희망캠프는 이번 서울시장 선거를 낡은 시대의 종지부를 찍고 새로운 시대를 맞이하는 잔칫날로 삼고자 했다. 그 잔치의 하이라이트는 2011년 10월 22일 광화문 광장에서 있을 '희망 대합창'이라는 프로그램이었다. 수세에 몰린 나경원 후보는 골목으로 숨어들었고 원순 씨는 시민들과 대로에서 만남을 계속하고 있었다. 자신이 유리하다고 생각하는 텔레비전 토론에 미련이 남은 나경원 후보 측은 토론 참여를 종용했으나 뻔뻔하고 불성실한 태도로 일관하는 토론에 원순 씨는 응하지 않았다. 그것 또한 시민과의 만남 행보를 줄이게 하려는 그들의 꼼수였다.

이날은 일반 시민들과 지지자는 물론 희망캠프에 합류한 야당, 시민단체, 진보운동 조직 등 1만여 명이 집결해 장엄한 광경을 연출하게 되어 있었다. 원순 씨도 여느 날과 마찬가지로 공무원노조 체육대회 개회식 참석을 시작으로 도봉산 등산객 인사, 노원구에서 열리는 마실 행사 등 많은 일정을 소화하고 있었다.

오전 일정을 원순 씨와 함께하고 미리 광화문 광장으로 가 세종대왕 동상 앞에 무대차량이 자리잡는 것을 지켜보았다. 오후 4시부터 식전행사를 시작하기로 한 때문인지, 점심 직후에 도착한 광화문 광장에는 휴일을 맞아 나온 가족단위의 참가자들이 여가를 즐기며 기다리고 있었다.

하루 전 팬클럽 운영진들과의 회의를 통해 축제의 장을 어떻게 마련할 것인지 결정한 후 다음과 같은 글을 올렸었다.

"10월 22일은 원순 씨 서울시장 확실히 하는 날~!!"

박꿈 님들, 모여봅시다~!!

박꿈 3,000명 회원들 다 모여 보자구요~!!!

- 박원순과 함께 꿈꾸는 서울 팬클럽 전체 정모~!!
- 일시 : 2011년 10월 22일(토) 오후 3시~8시
- 장소 : 광화문 시민광장(이순신 장군 동상 앞에서 모여요~)

● 준비물 : 따뜻한 옷, 따뜻한 물, 그리고 바람개비^^*

걱정 반, 기대 반으로 일찍 도착한 회원들과 함께 무작정 '바람개비'를 만들기 시작했다. 10월 3일 경선 때 사용했던 바람개비는 팬클럽 회원들에겐 이미 의미 있는 상징이 되어 있었고, 그날의 승리를 기대하며 새로운 희망의 바람을 계속 일으켜 보려는 뜻을 간직하고 있었다. 무대 앞 바닥에 앉아 분주하게 바람개비를 오리고 붙이고 만들었다.

마이크 테스트의 소음 때문에 정신 없이 시끄러웠지만 서로의 마음은 이미 한 가지로 흐르고 있었다. 행사에 참가하는 모든 사람들과, 참가하지 못했지만 함께 꿈꾸는 모든 시민들에게 우리의 바람이 전해지기를 바랄 뿐이었다. 큰 무대에 비해 준비인원이 많지 않았던 관계로 우리는 무대 주변을 함께 정리하고, 시민들의 모습을 카메라에 담으며 그렇게 우리의 잔치를 기다리고 있었다.

해가 뉘엿뉘엿 서쪽으로 기울어 가자 사람들이 몰려들기 시작했다. 그러더니 어느새 움직이기도 힘들 정도로 많은 사람들이 광장을 꽉 메웠다. 광장뿐 아니라 세종문화회관 계단 위와 KT 본사 앞마당, 미국대사관 앞길까지 계속해서 사람들이 모여들었다. 민주당의 한 중견 정치인은 "10년 만에 보는 유세 광경"이라고 했다. 토건 정부가 만든 광화문 광장의 돌바닥이 보이지 않을 정도로 사람들이 밀집했다.

또 이 유세 행사에는 희망캠프의 선대위 당직자는 물론 멘토단과 나꼼수 팀이 총출동했다. 정말 신명나는 잔치 한마당이었다.

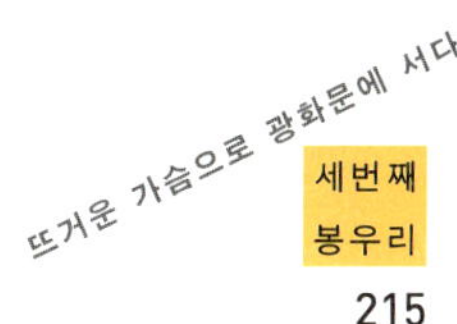

원순씨의 희망나무

식전행사는 민주노동당 청년당원들의 로고송 율동으로 분위기가 고조되었다. 그리고 국민참여당원들의 '써니' 플래시몹이 진행되면서 깜짝 출연한 유시민 대표의 현란한 댄스 실력도 엿볼 수 있었다. 시민들의 자발적인 참여로 이루어진 '희망합창단'이 〈우리 하나 되어 이겼어〉를 선창하고, 시민들도 함께 합창하면서 분위기가 절정으로 치달았을 때 '국민의례'로 공식행사가 시작되었다.

멘토단의 가수 이은미 씨가 애국가를 제창했다. 직업가수가 유세현장에서 노래를 부르면 선거법에 저촉되지만 애국가는 예외여서 우리는 그녀의 가슴 깊이 스며드는 목소리를 애국가로 감상하며 함께 불렀다.

각 야권 대표와 시민대표들 다음으로 원순 씨가 무대에 올랐다.

"네. 시민 여러분, 감사합니다. 여러분의 후보 박원순입니다. 오늘은 시민이 하나 되는 소통의 축제입니다. 가지고 계신 핸드폰을 머리 위로 올려주세요. 그리고 이 장면을 찍어주세요. 그래서 아름다운 옆 사람의 모습을 찍어서 가장 사랑하는 사람들에게 보내주시기 바랍니다. 축제에 참여하는 사람들을 사진 찍어보세요. 우리는 서로를 통해 승리할 것입니다. 준비되셨습니까? 박원순과 함께 특권과 반칙을 끝내고 새로운 세상을 맞을 준비가 되셨습니까? 이명박 정권에 의해 10년을 퇴보한 대한민국을 바꿀 준비가 되셨습니까? 한나라당 실정을 끝낼 준비가 되셨습니까? 저 박원순은 준비가 되었습니다. 10월 26일을 향해 힘차게 달려갑시다. 여러분이 새로운 변화를 선택하면 서울이 바뀌고 대한민국이 바뀝니다.

여러분 박원순에 대한 한나라당의 네거티브, 이제 검찰이 발 벗고 나섰습니다. 검찰이 어느 인터넷 보수 언론의 고발에 의해 수사에 착수했다고 합니다. 노무현 대통령을 죽였던 그 검찰이, 한명숙 총리를 옥죄었던 그 검찰이 박원순 죽이기에 나섰습니다. 그러나 박원순은 죽지 않습니다. 가둘 수 없습니다. 시민 여러분이 지켜줄 것이기 때문입니다. 저를 가두는 것은 시민 여러분을 가두는 것 아닙니까? 청와대, 한나라당, 국정원, 검찰이 다 나선다고 해도 변화를 향한 서울시민들의 함성을 가둘 수 있겠습니까? 강철은 두드릴수록 강해집니다. 저는 더 강해졌습니다. 변화의 욕구가 일월과 같이 빛나기 때문입니다. 승리할 준비 되셨습니까?

출마를 선언하고 오늘까지 오면서 늘 행복했습니다. 저에게는 시민 여러분이 계시기 때문입니다. 한나라당 후보가 아무리 돈이 많고 큰 권력을 가지고 있어도 꿈꾸지 못하는 것은 바로 시민 여러분들의 사랑입니다. 제게는 서울 시민 여러분이 함께하고 있습니다. 여러분이 제 곁에 있습니다. 시민 여러분이야말로 저의 든든한 빽이고 한나라당 권력을 이기는 방패입니다.

저는 야권통합 시민후보입니다. 정치사에 있었던 일입니까? 내부의 차이와 불신, 패배주의를 딛고 일어선 기적 같은 일입니다. 기적을 이뤄낸 것입니다. 낡은 질서를 분쇄하고 새로운 서울, 대한민국을 만들기 위해 민주당, 민주노동당, 국민참여당, 진보신당, 창조한국당 모두 하나가 되었습니다. 시민의 이름으로 하나가 되었습니다. 감사합니다. 서울을 바꾸고 대한민국을 바꾸는 일에 우리 모두 하나가 될 것입니다. 우리는 이미 이기고 있습니다.

새로운 서울은 이미 시작되었습니다. 시민들의 열망을 두려워하는 사람들이 있습니다. 박원순을 가두기 위해 마지막 몸부림을 치고 있습니다. 걱정 마시기 바랍니다. 여러분과 함께 이길 것입니다.

시민 여러분, 저는 서울시민의 꿈을 생각해 보았습니다. 오래 전 우리의 어머니, 아버지가 고향을 떠나 맨주먹으로 서울에 도착했을 때 희망만이 유일한 힘이었습니다. 고된 노동을 다 감수할 수 있었던 것은 서울은 그래도 꿈을 꿀 수 있는 도시였기 때문입니다.

그러나 오늘 서울에 꿈이 있나요? 미래가 있나요? 이명박, 오세훈 전 시장은 서울이 더 예뻐졌다고 합니다. 과연 더 좋아졌습니까? 서울은 분명 화려해졌습니다. 겉치레와 기념비적인 건축물이 시민의 삶을 바꿔줍니까? 아이들의 미래와 일자리를 약속하고 어르신들 노후를 보장합니까? 대권욕에 물든 시장의 아집과 오기가 서울을 망쳤습니다. 시민의 절망은 탈출구를 찾지 못하고 있습니다. 시민의 혈세를 콘크리트에 쏟아부었습니다. 그 결과 서울시는 25조 5천 억의 빚더미에 올랐습니다. 갓 태어난 어린아이 목에도 250만 원의 부채가 걸려 있습니다.

그 동안 시장은 자신의 꿈을 실현했습니다. 저는 서울시민의 꿈과 희망을 실천하겠습니다. 한나라당 오세훈 전 시장의 시정은 돌아보기도 싫습니다. 용산의 소박한 시민들을 죽음으로 내몰았습니다. 학교에서 밥 한 끼 먹이자는 시민들의 요구를 정치적 정쟁으로 이끌고 갔습니다. 주민투표 130억, 이번 선거 300억 듭니다. 오세훈 시장의 고집, 아집으로 우리의 세금 432억 날아갑니다. 그 돈이면 우리가 하려고 했던 보편적 복지 무상급식 가능합니다.

이렇게 무책임한 한나라당이 서울을 다시 달라고 합니다. 10년을 망치고도

반성할 줄 모릅니다. 이렇게 부끄러움을 모르는 특권세력을 이대로 놔두어야 합니까? 당장 심판해야 합니다. 다시는 이런 정치가 발붙이지 못하도록 준엄하게 심판해야 합니다. 저는 이제 1%의 지배는 끝내야 한다고 봅니다. 1%를 위한 한나라당을 심판하고 99%가 행복한 서울을 만들어야 합니다. 이 자리에 누구도 1%에 속하는 사람 없습니다. 그렇습니다. 이 자리의 모든 분들은 99% 순수한 시민입니다. 시민을 위한, 시민에 의한 서울을 만들겠습니다. 순도 99%의 행복한 서울을 만들겠습니다.

시민 여러분, 엊그제 한나라당 대표가 이렇게 말했습니다. 한나라당이 네거티브, 흑색선전 안 했다고 합니다. 그러나 우리 서울시민들은 다 알고 계십니다.

한나라당 후보가 발표한 자료의 99%가 저를 헐뜯는 내용이었습니다. 대정부 질문에서 저에게 막말, 욕설을 했습니다. 말 폭탄을 보냈습니다. 이러고도 아니라고 합니다. 도대체 누가 했다는 말입니까? 이 흙탕물 누가 만들었습니까? 한나라당의 네거티브 구태정치, 내곡동 사저, 그들만의 세계는 낡은 세계를 구성하고 있습니다. 바로 그들이 서울시정 10년을 만들어 왔습니다. 이 정치 그대로 두실 겁니까?

이번 선거는 서울시장 한 사람을 바꾸는 선거가 아닙니다. 시민의 삶과 서울의 역사를 바꾸는 선거입니다. 무너진 사회의 정의를 바로 세우는 선거입니다. 이번 선거는 대한민국의 근본을 바로 세우는 것입니다. 서울이 바뀌어야 대한민국이 바뀝니다. 또다시 한나라당의 손으로 넘어가면 대한민국 바뀔 수 없습니다. 이명박 정부가 연장되는 빌미를 제공할 것이기 때문입니다. 1%의 지배에 신음하는 시대가 될 것입니다.

10월 26일, 낡은 시대와 새로운 시대가 갈라질 것입니다. 복지시장 대 반 복지의 시대가 갈릴 것입니다. 새로운 변화 대 낡은 정치가 선택될 것입니다. 보통사람 대 특권층의 시대가 갈릴 것입니다. 어느 쪽을 선택하시겠습니까? 저는 1% 그들만의 지배를 끝내길 원합니다.

변화는 돌이킬 수 없는 대세입니다. 거대한 강물인 것입니다. 물론 말처럼 쉽지는 않습니다. 한나라당 특권과 반칙이 우리 앞길을 막고 있습니다. 그러나 저에게 한나라당의 낡은 정치는 장애물이 될 수 없습니다. 이것이 구태정치를 이겨야 하는 확실한 이유입니다. 이제 모든 장애물을 걷어내고 특권과 반칙의 정치를 역사의 심판대에 올려놓읍시다. 국민을 두려워하지 않는 정치세력은 결코

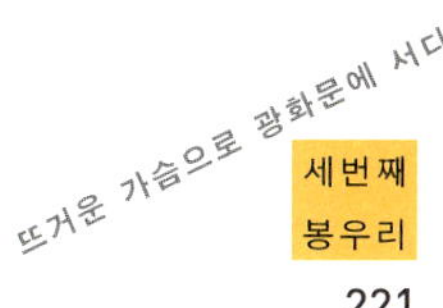

성공할 수 없다는 것을 새깁시다. 변화를 열망하는 시민들과 낡은 정치를 고집하고 기득권을 지키려는 세력의 대결입니다.

박원순이 서울의 기틀을 바로 세우겠습니다. 저는 예비후보로 등록한 이후 서울시내 곳곳에서 시민들을 만났습니다. 허심탄회하게 이야기했고, 분명히 알게 되었습니다. 새로운 서울의 꿈은 제가 꿔 왔던 꿈과 같다는 것을 알았습니다. 시민의 꿈과 저의 꿈은 다르지 않았습니다. 세상 밖으로 나가 열심히 일하고 싶은 청년의 꿈, 아이만큼은 안심하고 맡기고 싶은 부부의 꿈, 이런 소박한 꿈을 반드시 실현시키겠습니다. 이명박, 오세훈 전 시장은 대권의 꿈 때문에 서울시민을 희생시켰습니다. 저의 비전과 꿈은 시민들의 요구와 의견을 그대로 실천하면 되는 것이라 생각합니다. 시민과 함께 서울을 만들어 갈 것입니다. 서울시민의 삶이 달라질 것입니다. 서울시의 예산과 인력, 권한을 서울시민의 삶을 보살피는 데 온전히 투자하겠습니다. 어느 곳에 살든 인간으로서의 기본적인 삶을 누리며 살 수 있도록 최선을 다하겠습니다.

저는 서울의 첫 번째 복지시장이 될 것입니다. 세상은 늘 꿈꾸는 사람들의 것입니다. 시민 여러분이 함께하면 새로운 길을 반드시 열 수 있습니다. 서울을 바꾸고 세상을 바꿀 시간입니다.

그렇습니다. 시민 여러분이 시장입니다.

저는 시민 여러분만 믿고 가겠습니다. 시민이 가라는 길로 가겠습니다. 한나라당의 반칙과 특권, 탐욕은 고스란히 지난 서울시정 10년에 그대로 남아 있습니다. 그 질긴 고리를 반드시 끊어 내겠습니다. 박원순이 시민과 함께 승리하겠습니다. 서울을 바꿔 대한민국의 희망을 쏘겠습니다.

10월 26일 투표장에서 희망을 찍어주시기 바랍니다. 변화를 찍어주시기 바랍니다. 아름다운 서울, 희망찬 대한민국이 만들어집니다. 준비되셨습니까? 감사합니다."

2011. 10. 22
광화문 집중유세 원순 씨의 연설

더 이상 토론장과 유세장에서 애를 끓이던 원순 씨가 아니었다.

그는 이미 강한 정치 지도자였다. 그렇지만 그의 연설에는 처음의 그 마음이 고스란히 담겨 있었다. 약 한 달 전 백범 김구 기념관에서 내가 들었던, 시장후보 출마선언에서 나왔던 그의 꿈과 생각이 그대로 들어

뜨거운 가슴으로 광화문에 서다

세 번째
봉우리

있었다. 그는 그때도 사람, 고향, 소통, 꿈…… 이런 단어들로 나의 귀를 열었다. 거기에 더해 그 동안 시민들이 요구하고 요청했던 잃어버린 10년의 서울, 삶을 어렵게 만든 정권의 심판, 시민이 시장인 서울시정을 이야기했다. 이 연설이 내가 들은 정치인의 연설 중 가장 완성도 높은, 드문 연설이었다고 생각한다. 그의 연설에는 우리 시민들의 여정과 고민이 그대로 담겨 있었다. 그렇다. 원순 씨의 말대로 나와 당신, 우리가 시장이 되는 순간이 눈앞에 도래한 것이다. 가슴이 뜨거워졌다.

"그렇습니다! 시민이 시장입니다!"

투표하면 이긴다!
쫄지 마!

"이 따위 짓거리 앞에서

침묵하는 것은 불가능하다."

\- 로자 룩셈부르크

쏟아부었습니다. 그 결과 서울시
는 25조 5천 억의 빚더미에 올랐
습니다. 갓 태어난 어린아이 목에도
350만 원의 부채가 걸려 있습니다

시민의 꿈과 희망을 실천하겠습니
다. 용산의 소박한 시민들을 죽음으
로 내몰았습니다. 학교에서 밥
이 머이지는 시민들의 요구를 적

스스로를 지키는 한 가지 방법

10월 26일 우리가 투표를 해야 하는 이유는 '우리의 이익을 최대로' 하기 위해서입니다. 이 대전제를 잊지 말아야 합니다. 우리가 이 싸움을 힘들게 지켜내려 하는 이유는 새로운 정치집단을 창출하기 위해서가 아니며, 한 개인의 인생에 대한 존경도 아닙니다. 우리의 권리를 찾아감으로써 우리의 이익을 최대로 만들기 위함입니다.

정부의 행정적 노력으로, 정치권의 정치적 입안으로 우리에게 제공되는 이익들은 마치 '혜택'처럼 오도되기 쉽습니다. 이러한 이익들은 권력과 공공집단에서 내려주는 시혜가 아닌 '권리'임을 알아야 합니다. 우리는 여의도의 국회의사당에서, 시청 공무원의 책상에서 결정하는 모든 것을 준수해야만 하는 '의무

중심의 집단체'가 아닌 시민으로서의 권리를 행사하는 '권리 중심의 공동체'로 거듭나야 합니다. 더 이상 우리 공동체의 형성을 일부 특권층에 맡기거나 억지 양도하는 일을 방치해서는 안 됩니다.

1. 모든 업무를 투명하게 공개하고 시민이 요구하는 정보를 충분히 제공받아야 합니다.
2. 광장과 거리에서 자유로이 의사를 개진하고 집회하며 결사할 수 있어야 합니다.
3. 기본적인 공공의 서비스는 합리적인 차별에 의한 평등적 공급을 받을 수 있어야 합니다.
4. 안전한 삶을 보장받아야 합니다.
5. 불편하지 않은 대중교통과 접근이 자유로운 공공시설을 이용할 수 있어야 합니다.
6. 쾌적하고 아름다운 자연을 곁에 두고 살 수 있어야 합니다.
7. 각자 주어진 능력을 충분히 발휘할 수 있는 일을 가져야 합니다.
8. 보편적인 교육과 급식으로 누구나 평등하게 미래를 구상할 수 있어야 합니다.
9. 살고 있는 동네에서 문화를 향유하고 여가를 즐길 수 있어야 합니다.
10. 무엇보다 사는 동안 건강한 몸과 마음을 유지할 수 있어야 합니다.

이것이 우리가 스스로 광장에 모여 10월 26일을 다짐한 이유입니다. 정치

권력의 재창출, 진보의 대통합, 야권의 단일화, 보수세력에 대한 심판, 불평등한 사회에 대한 항거, 부정한 집단에 대한 경고 등 저마다의 이유로 우리는 하나가 되었습니다. 하지만 무엇보다 분명한 것은 우리가 사는 이곳, 우리가 일하고 있는 이곳을 고향 같은 서울로 만들기 위함이라는 한 가지 사실입니다. 우리의 권리를 우리 스스로 지킬 수 있는 공동체 서울의 시작, 그 시작을 보고 싶어서입니다.

우리의 이익을 최대로 하는 방법은 열심히 사는 각자의 이익의 크기를 보편적으로 비슷하게 만드는 것입니다. 누군가가 독식하지 않고, 누군가가 결핍되지 않았을 때 우리는 모두가 최대의 이익을 얻어가게 되는 것입니다. 그 시작이자 방법이 바로 10월 26일 중요하고도 소중한 한 표의 행사입니다.

투표하고 권리를 찾고, 모두의 이익을 최대로 만들어 갑시다!

그랬다. 관건은 투표율이었다. 얼마나 많은 유권자들이 투표에 참여하는가가 승부의 관건이었다. 10월 19일에 발표된 '시민권리선언'을 기본으로 하여 투표 독려글을 작성하고, 관련된 사이트와 온라인에 게시하고 지인들에게 메일을 보내기 시작했다. 그리고 서울 사는 지인들에게 투표에 참여해 줄 것을 부탁했다. 내가 할 수 있는, 남아 있는 일이라곤 그 정도밖에 없었다.

지난 주말 난 더 이상의 동행취재나 캠프에 협조하는 일은 없을 거라고 선언하고 말았다. 가장 큰 이유는 선거기간 내내 언론의 '프레임' 놀음에서 벗어나지 못하는 캠프의 모습, 그리고 그에 관해 팬클럽과 페이스북에 게시된 나의 글을 인용한 팬클럽 회원의 항의성 글이 캠프 내부에서 문제가 되었기 때문이다.

골목으로 숨은 기득권의 최종병기 ―'공갈'의 미디어 프레임

"이미 많은 부를 축적하고 있는 나라에서는 부를 창출할 수 있는 온갖 방법이 다 활용된 터라 이제 남은 거라고는 단 한 가지 방법밖에 없다. 공갈이 바로 그것이다. 공갈에도 종류가 많다. '자, 이거 마지막으로 하나 남은 겁니다. 지금 바로 사시지 않으면 기회가 없습니다. 다른 손님이 눈독을 들이고 있거든요' 하는 상인의 애교스러운 공갈이 있는가 하면, '석유가 공기를 오염시키는 것은 사실이지만, 그것이 없으면 이 겨울에 온 국민을 따뜻하게 해줄 방법이 없을 겁니다'라는 식으로 다중을 협박하는 공갈도 있다. 그런 공갈 앞에서 사람들은 결핍에 대한 두려움이나, 무엇을 놓치는 것에 대한 두려움을 갖기 때문에 인위적인 지출이 생겨나게 된다."(베르나르 베르베르의 《상상사전》 중 '공갈' 편에서)

공갈이란 "공포심을 느끼도록 윽박지르거나 을러대는 행위를 말하며, 때론 '거짓말'을 속되게 이르는 말"이라고 사전에 정의되어 있다. 공갈의 일성은 대체로 어처구니 없게 다가오지만, 지속되는 압박감에 의해 결핍이나 상실에 대한 두려움을 쌓게 된다. 이것이 공갈의 효능이고 이런 효능은 생각보다 유효하다.

정치세력은 항상 대중에게 공갈을 치고 협박한다. 그것을 일러 '수사학'이라 하기도 하고, 약간 솔직하게 감정선을 자극하는 '선동'이라고 하기도 하며, 대놓고 '아니면 말지' 식의 전략이라고 말하기도 한다. 심하게 비약하자면, 정치권이 가진 유일한 병기는 '호소를 위장한 공갈'인 것이다. 그런데 그런 공갈의 효능은 패닉 상태의 외상환자에게 놓아준 모르핀처럼 매번 유효하게 다가온다. 그래서 이와 같은 공갈행위는 정치행위 마지막에 단골메뉴로 등장하는지도 모른다.

서울시장 보궐선거의 막바지를 달리고 있는 요즘 그 '공갈행위'는 교묘하고 발전된 형태로 우리에게 결핍과 상실이라는 공포감을 주입시키고 있다. "우리는

마지막
봉우리

진정성으로 무장된 대중이라 소용 없다"고 이야기하고 싶지만, 그 공포감은 실로 무섭게 스며들고 만다. 그리고 그 방법 또한 업그레이드되고, 다양한 형태로 이종변형(異種變形)하여 실체를 느끼기도 전에 우리 마음 한구석에 불편함을 조성하고 만다. 그래서 선거라는 정치이벤트에서 공갈의 위력은 대단한 것이다.

현재의 판세를 단정지어 결론 내리지는 못하지만, 기존 정권·정당세력의 위축과 새로운 정치세력의 대안적 창출이라는 두 가지 현상에 대해서는 이견이 없을 듯하다. 선거의 결과를 떠나 이 두 가지 현상이 기존 정치인들(여야를 떠나, 정치철학적 스탠스를 떠나)에게 다른 의미의 충격을 가져다준 것은 틀림없는 사실이다. '정당정치의 목적'이라고 할 수 있는 정권창출에 대한 도전이 다른 정치세력에게서 오는 것뿐만 아니라, 그동안 내심으로 무시하던 대중과 시민에게서 다가오기 때문에 당황스럽고 불편하기까지 할 것이다. 그래서 그들은 공갈이란 병기를 대놓고 꺼내든 것이다. '공갈'이라는 화살을 '미디어 프레임'이라는 활 위에 올려놓고 쏘아대고 있는 것이다.

1. 진정 1%의 특권층에게: 붕괴의 공갈을 펴다

1%의 특권층에게는 공갈이라는 화살이 없어도 지금의 현상은 충분히 공포스럽다. 그들이 가진 많은 것을 잃어버릴지도 모른다고 생각만 해도 정말 잠이 안 오는 일일 것이다. 그들을 받쳐주고 있던 이념의 대들보(신자유주의와 천민자본주의)가 붕괴될 정도의 도전이 오는 것만으로도 공포스러운 것이다. 이들에게는 선거와 직접 관련된 프레임이 필요 없다. '자유민주주의' 운운하고, 1 : 99 월스

트리트 집단시위 현장을 보여주며, 카다피 철권통치의 붕괴를 적나라하게 보여
주는 것만으로도 충분하다.

미디어는 사실에 대한 중립적 보도라는 자세를 취하고 있지만, 사실은 여러
가지 민감한 사안에 대한 심층적인 분석을 주저하고 있다. 때로는 가벼운 한마
디로도 특권층에게 주는 경고는 충분하기 때문이다.

2. 기득권이라 착각하는 응달의 토끼에게:
결핍을 상실이라 착각하게 하다

이들은 사실 가진 것이 없는 자들이다. 셋방에 살면서 종부세를 비판하는 무
리이다. 음지에 있으면서 맞은편 양지의 토끼만을 바라보며 자신도 양지에 있
다는 착각에 얼어죽고 마는 '착각 속에서 가진 자들'이다. 이들에게는 가지지도
않은 권력과 재화와 명예에 대한 상실이라고 겁을 주면 된다. 이들에게는 손에
도 쥐어보지 못한 1%의 소유를 맛만 보여주면 되는 것이다. 그러면 이들은 애
초에 가져보지 못한 결핍의 공포가 가졌던 것 같은 상실의 공포로 변질되어 느
끼게 된다.

아름다운 재단에 대한 검찰의 수사라든지, 색깔론으로 뒤덮은 같잖은 이념
공방이라든지, 보편적 복지를 조세부담의 상승으로 결론내는, 상식을 뛰어넘은
네거티브 공세에 대한 적절한 뒷받침이 바로 이런 부류를 위한 미디어의 프레
임인 것이다.

3. 경계에 선 다양한 그들, 대중에게:
　　 가치관의 대열을 흩뜨리다

면과 면을 맞대어 선을 만든다. 선이 존재한다는 것은 분명하다. 하지만 선이라는 개념은 면을 만들어낸 자의 의도된 개념이라는 것을 잊지 말아야 한다.

초등학교 시절 짝과의 '책상 나누기'처럼 줄을 그어놓고 이편저편 갈라놓기가 대세인 세상이다. 그런데 생각보다 많은 사람들이 어떤 면에 안주하기보다 선 위에 아슬아슬하게 서 있다. 그들의 가치관은 두 묶음으로 나누어 판단하기 어렵다. 우리는 이들을 대중이라 부른다. 그래서 이들을 향한 공포감의 조성이란 다중적이고 비유적이며 분산적이다.

250만 원 월세 이야기와 13세 소년의 기획입적설, '엄마 친구 아들' 이야기 같은 법대 전과와 유학 이야기, 제적경력도 학력으로 등극시킨 법대 제적 사실 공방 등은 그렇지 못했던 사람들에 대한 결핍의 공포감을 던져준다. 그리고 마침내 안철수 원장의 지원 여부에 초점을 맞추고 계속 원순 씨를 지지해도 좋을지 주저하게 만든다. 실체가 없는 언급만으로 그 상실의 공포감은 충분하다.

이들에 대한 공갈의 형태는 때로는 흑색선전으로, 때로는 주요 사안이 아닌 가십성 이슈의 창출로, 때로는 의제설정에 의한 교묘한 편집으로 다양하게 던져진다. 효과에 대해서는 기대하지 않는다. 다양한 공갈 확산으로 인한 관심사의 분산만으로 충분하다. 지금의 현안의 코어가 무엇인지 잠시라도 잊게 해주면 되는 것이다. 집요하고 교묘한 전략이고 전술이 아닐 수 없다.

또한 현재 야권통합 단일후보 진영에 모여든 다양한 무리에게 혼란과 자중지란의 단초를 마련해 준다. 현장에 있지 않는 한 사실을 해석하기 힘든 떡밥을 던져 프레임에 가두어 두고 서로를 비판하게 하고, 서로에게 실망하게 하고 분노하게 한다. 전체적이고 거시적인 담론을 마치 점(點) 같은 현상이고 사건이며 구체적인 사건인 것처럼 설명하여 이쪽과 저쪽을 갈라놓으려 한다. FTA에 대한 입장, 반값 등록금 이슈, 대북정책, 그리고 시민단체들에 대한 공격성 묻지마 폭로는 이들을 분열시키고 위축시킨다. 이것이 공갈의 힘이고 공갈 미디어의 힘인 것이다.

이 프레임의 덫이 효능을 발휘한다면 이번 선거뿐 아니라 앞으로의 정치활동도 밝은 전망을 갖기 어렵다. 이들의 최종 목적은 선거의 승리라기보다 대중들의 철저한 정치적 무관심을 유도하는 데 있기 때문이다. 일반인이 서민이 대중이 시민이 '감히' 정치행위를 하는 것이 못마땅한 세력의 추악한 방어법이자 공격이다. 미디어의 공갈형태에 대한 이면을 우리는 사실적으로 관찰할 필요가 있다.

현상을 보고 진실을 직시하기란 어려운 세상이다. 그리고 생각보다 많은 노력이 필요한 것이 사실이다. 그러나 귀찮아서 내버려둔 결과가 '오늘과 같은 내일'이라면 어떻게 할 것인가? 항상 주의를 기울이고 생활하기 어려웠다면 지금부터 그렇게 하면 된다. 그것조차 버거운 삶이라면 일상 중 잠시 시간을 내기만 하면 된다. 그 특별한 때가 바로 지금, 바로 오늘, 그리고 10월 26일인 것이다.

희망캠프에 바란다　이런 프레임을 조장하는 언론사들을 신주단지 모시듯 하고 있는 캠프는 대오각성해야 한다. 지금의 언론사를 대하는 모습은 언론사

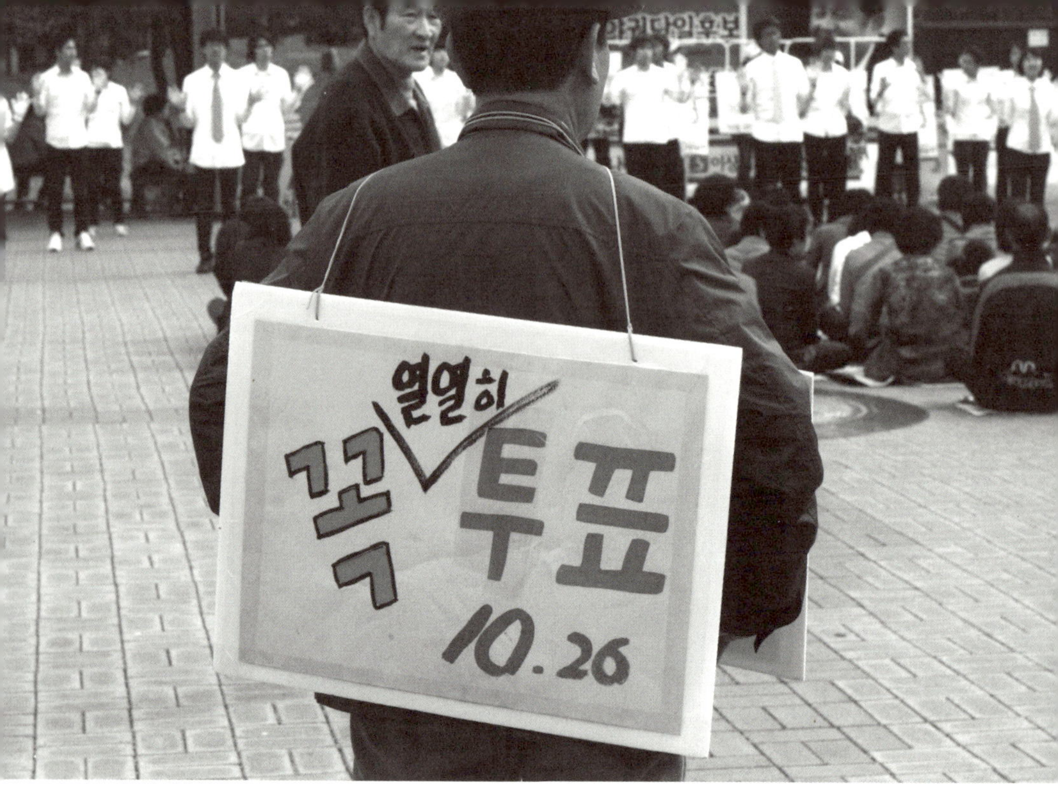

들마저 이례적이라고 지적한다. 언론 담당자가 누가 적인지 아군인지 피아가 구분이 안 되는 직무적 능력의 흠결자이거나, 다음 총선 등을 내다보고 언론에게 개인적 사심접대행위를 일삼는 도둑이거나 둘 중의 하나라고밖에 생각되지 않는다. 지금 당장은 그 행태의 변환이 어렵겠지만, 이 선거가 끝나고 나서 우리 시민들은 당신들에게 엄중한 경고와 책임을 물을 것이다. 이게 끝이 아니고 시작이기 때문이다.

2011. 10. 23

페이스북 및 팬카페 게시 글

내가 하고자 했던 이야기는, 끝까지 이겨내지 못한 언론의 프레임에 맞서 우리 스스로 생각을 가다듬고 한 발 더 움직여 사람들에게 투표를 독려하자는 말이었다. 나경원 후보와 한나라당이라는 상대조직은, 여러 가지 사건으로 많이 쪼그라들긴 했지만 저들에게는 여전히 '공갈'이라는 고공 폭격기가 있기 때문이었다.

나의 진심이 캠프 당직자에게는 불편함으로 받아들여진 소통의 문제가 안타까울 뿐이다.

그렇게 체력적으로 정신적으로 방전이 된 채 마지막 3일이 지나가고 있었다. 어디 나뿐이겠는가? 원순 씨는 이미 유체이탈의 지경으로, 사람으로는 이행할 수 없는 살인적인 일정을 소화하고 있었고, 팬클럽과 지지자들도 지인들에게 연락하고 당부하는, 아무도 시키지 않은 방과후 활동을 묵묵히 하고 있었다.

하늘은 스스로 돕는 자를 돕는다고 했다. 결국 언론은 자신의 발목을 스스로 잡게 되었다.

10월 24일 동아일보 김순덕 논설위원의 사설 〈'천치대학생'의 철없는 반값 등록금〉 논설은 숨죽이고 있던 20대의 정치적 낮잠을 깨워주었다. 10월 26일 투표일에는 도올 김용옥 원광대 석좌교수가 EBS에서 자신이 강의하던 '중용, 인간의 맛'이 외압으로 인해 일방적 중단 통보를 받았다며 1인 시위를 벌였다. 시위에 들고 나온 피켓의 내용은 다음과 같다.

'인류 지혜의 고전조차 강의 못하게 하는 사회. 이 땅의 깨인 사람들아! 모두 투표장으로 가시오!'

4대강 사업을 비판했다는 이유로 방송탄압을 받은 것에 대한 항의가 결국 투표를 독려하는 1인 시위로 이어졌다.

아직도 많은 사람들은 조·중·동으로 대표되는 주류 언론의 보도를 사실로 믿고 받아들인다. 하지만 이미 많은 사람들이 그들이 주입한 어떤 미망에서 깨어났고 깨어나고 있는 중이다. 시민들은 스스로 진화하고 있었다.

10월 24일, 안철수 교수가 캠프를 방문하여 응원 편지를 전달했다. 인종차별 철폐운동의 시발점이 된 '로사 파크스'를 인용하며 시작한 편지는 그의 평소 정치적 철학과 사회에 대한 관심이 잘 담겨 있었다. 요란한 유세나 이벤트가 아니라 편지 한 장으로 그는 다시 여론을 움직였다. 디지털 시대의 전도사가 편지라는 아날로그 감성으로 마지막 방점을 찍어주었다. 주저하던 사람들에게 정치공학적인 셈법이나 유려한 정치적 수사가 아닌 '감성'의 코드로 투표 참여의 소중한 권리를 말해 주었다. 역시 그다웠다. 나경원 후보가 아무리 '협찬인생', '정치교수'라고 그를 비난해도 여론은 모든 것을 반사해 버렸다. 원순 씨의 기호 10번의 열 손가락을 모두 핀 두 손으로 말이다.

10월 25일, 공식선거운동의 종료일이자 투표 하루 전날은 좀 다르게 보내야 할 것 같았다. 여정의 마무리가 필요했다.

팬클럽 회원들의 전화와 우리 가족의 '유종의 미' 설득에 못 이기는 척 나는 원순 씨의 마지막 일정에 동참했다. 마지막 기운까지도 원순 씨에게 보내고 싶어서였고, 아름다운 시민들의 모습을 눈으로 보고 가슴에 남기기 위해서였다.

10월 25일 마지막 유세 일정

00 : 00 대리운전 기사 격려

00 : 50 노량진 수산시장 새벽인사

01 : 50 강서 농수산물시장 새벽인사

02 : 50 남대문시장 새벽인사

03 : 45 버스 첫차 운행 운전기사 격려 및 첫차 탑승

04 : 40 청진동 해장국 아침식사

05 : 50 '경청 & 정책투어 30' 환경미화원과 아침을 열다

06 : 30 CBS 라디오 '김현정의 뉴스쇼' 전화 인터뷰

07 : 03 YTN 라디오 '강지원의 출발 새아침' 전화 인터뷰

08 : 30 신도림역 아침인사 및 지하철 인사

09 : 30 원순 씨와 공동선대위원장단 기자회견

10 : 30 경청유세 강서 '마실'

11 : 20 경청유세 영등포 '마실'

12 : 10 경청유세 마포 '마실'

14 : 10 경청유세 노원 '마실'

14 : 50 경청유세 도봉 '마실'

15 : 30 경청유세 강북 '마실'

16 : 10 경청유세 성북 '마실'

17 : 00 경청유세 중랑 '마실'

17 : 50 경청유세 성동 '마실'

18 : 50 경청유세 강남 '마실'

19 : 50 광화문 총집중유세

20 : 40 도보행진 및 거리 인사

21 : 00 경청유세 종로 '마실'

정말 빡빡한 일정이었다. 원순 씨는 드디어 '목소리'마저 잃어버렸다.

그러나 더 이상 그는 혼자가 아니었다. 선거캠프 당직자가 모두 출동했고, 지지자와 팬클럽 사람들은 직장에 월차를 내고 가게 문을 닫고 달려왔고, 지방에 사는 열혈지지자들은 이미 상경하여 원순 씨의 모든 일정에 함께하고 있었다. 버스를 타고, 지하철을 갈아타고, 때로는 뛰어가면서 마지막 힘을 함께 모으고 있었다. 서울의 25개 구를 모두 돌아서 마지막으로 광화문에서 집중유세를 하는 것으로 일정이 짜여졌다.

어느 재래시장 입구에서는 양복을 점잖게 차려 입은 중년신사가 우리 일행의 가방에 '김밥'을 여러 줄 사서 넣어주셨다. 희망기자 동행기와 실시간으로 올라오는 SNS 덕분에 본인도 선거기간 중에 함께하는 기분이었다며, 본인이 할 수 있는 것은 이것밖에 없다며 김밥을 넣어주곤 도망치듯 자리를 옮겼다. 내심 부끄러웠다. 원순 씨에 대한 존경으로 시작한 행보가 어느새 이분들의 마음을 끝까지 잘 지키고 싶다는 조금 더 큰 바람으로 커가고 있었다. 선거의 마지막까지 우리는 '함께'였다. 가슴이 뭉클했다.

달려라 넥타이들아!

트위터 입력 창을 열면 '무슨 일이 일어나고 있나요?'라고 묻는다. 무언가 일어나고 있다. 이미 일어나고 있었고, 지금도 일어나고, 내일도 그럴 것이다. 희망의 바람이 변화의 태풍으로 부는 기적이 일어나고 있다. 다시 힘찬 발걸음 #1026

바로 그날! 2011년 10월 26일! 서울시장 보궐선거 투표일이 밝았다. 전날 무리한 일정에도 불구하고 아침 일찍 번쩍 눈이 떠졌다. 어제의 분위기로 보아서는 승리를 확신했지만 그래도 끝까지 마음을 놓을 수는 없었다. 투표 전날까지 비공식적으로 집계된 여론의 추이는 그야말로 '박빙'이었다. 우리가 보았을 때 공정하고 객관적인 기관의 자료는 3~5%

정도 원순 씨가 앞선다고 하고, 보수언론은 1~2% 정도 나경원 후보가 역전할 것이라고 예측하고 있었다. 모두 오차범위 내의 접전을 예고하고 있었다.

팬클럽 회원들과 이른 저녁부터 시청 앞 광장에서 홍어와 막걸리를 마시며 투표결과를 지켜보자고 약속했다. 그러나 약속시간이 다 되어도 자리에서 일어날 수 없었다. 왜 그런지는 다음의 트위터 타임라인이 말해준다.

- 저는 33일 동안 사심 가득한 하루들을 채웠습니다. 부끄러우냐고요? 아닙니다. 그 가득한 사심이 공공성으로 숙성되어 공동체의 이익으로 나누어지는 것이 삶의 보람이라 생각합니다. 이제 다시 사심 가득한 개인으로서의 마지막 한 표 던지러 갑니다.

- 투표 당일이라고 해서 내가 누굴 지지하는지 왜 말 못하는지 난 이해할 수 없다. 또한 내가 부당한 지위와 압력을 가해 자유로운 의사결정권을 침해하지 않음에도 누굴 지지해 달라는 말을 왜 못하는지도 이해할 수 없다. 이 나라가 민주주의 국가 맞는가?

- 지금 위태롭네요. 당장 달려갑시다. 조퇴하고 반차 내고 투표소로 갑시다. 이대로라면 50%를 넘기기도 어렵습니다. 하고 왔습니다. 여러분은?

- 국정원, 방송출구, 여의도연구소 등 오전엔 모두 나경원이 박빙우세라 주장 ~ 주춤한 투표율도 걱정입니다. 해법은 하나…… 문자와 전화!

- 15시 현재 서울시장선거 투표율 32.2%, 4.27재보궐 분당선거 당시엔

33.1%였습니다. 분당에선 마지막 7~8시에 투표율이 6.3% 오르는 기적이…… 서울이 그 기록을 깰 수 있기를…….

- 네 시간 남았습니다. 네 시간이면 충분합니다. 네 시간이면 부산에서 서울로 올 수 있습니다. 네 시간이면 서울을 한 바퀴 돌 수도 있습니다. 그러니 당장 나와 투표합시다.

- 출구조사. 지금 비상이네요. 다들 언능 조퇴, 땡땡이, 외근을 빙자한 외출 감행하세요.

- 16시 현재 서울시장선거 투표율 34.7%, 4.27재보궐 분당선거 당시엔 35.6%(최종 49.1%, 마지막 1시간 6.3% 투표)~ 전화, 문자……

- 투표는 관전하는 것이 아니라 직접 하는 것 RT@coolchw: 당신도 로사 파크스가 될 수 있습니다. 우리의 행동이 역사를 바꿀 수 있습니다

- 나는 아직 그대들을 믿는다. 두어 달 전의 나의 모습을 한 그대들을 믿는다. 술은 8시 30분부터 마셔라. 축배를 들라. 일단 달려라. 무조건 달려라. 세상을 버티고 있는 그대들이 미래를 결정해야 한다. 달려라 넥타이들아!! 무조건 달려라!!

- 차려진 밥상에 숟가락을 얹을 정당한 방법은 투표다. 우리들 밥상에 우리 숟가락을 얹는 것이다. 그런데 숟가락 못 얹으면 국물도 없다. 밥상에서 떨어진 밥풀떼기 주워 먹는 천덕꾸러기 인생이 될 거냐? '나 하나만'이라는 생각하지 말고 숟가락 얹으러 달려라!

- 강남 3구 높은 투표율 보고 "쯧쯧"대며 혀 차지 말아라. 투표한 이들에게 투표 안 한 그대들은 또 진 것이다. 참고로 나는 강남 3구에 살고 투표했다. 그리고 이길 거다.

- 조국 교수에게 열광하고, 나꼼수에 열광하며, 가수 이은미에게 환호한 그대들, 투표 안 하면 반칙이다. 열광, 환호보다 투표가 쉽다

- 투표 안 하면 나꼼수 못 듣는다. 투표 안 하면 조국 교수의 강의를 듣기 어렵다. 투표 안 하면 이은미 노래도 못 들을 것이다. 투표 안 하면 조·중·동만 읽어야 하고 불공정한 지상파 관제방송만 봐야 한다. 투표 안 하면 아무것도 할 수가 없다.

- 술자리 포기한 넥타이들, 투표하고 시청으로 오세요. 막걸리 한 병씩만 들고 오세요. 홍어 안주에 축배를 들어요~ 투표하고 오세요.

- 그러고 보니 정말 중요한 것은 우리 서로가 서로를 믿는 거네요. '해봐야 안 돼'라는 생각의 저간엔 불신이 있는 거겠죠. 나에 대한 믿음과 서로에 대한 믿음, 공동체의 상식에 대한 믿음이 있으면 우린 할 수 있습니다. 해봅시다. 끝까지!

- 믿지만…… 극적인 것도 좋지만…… 쫌 편안히 즐기자구욧! 당장 달려요. 투표소로.

- 투표소는 8시까지 입장하시면 됩니다. 퇴근 전 바로 확인하시어 이동하세요. 선관위가 안 알려주는 자기 투표소 찾는 사이트입니다. 모바일 가능. 테스트 완료. 확인하세요.

- 서민들이 아프다 아프다 하면서도 투표를 안 하니 저들이 이토록 서민들을 개무시하는 거라고요.

- 이제 우리에게 투표란 참 세련되고 발랄한 놀이가 되었다. 이건 꼴통정부와 똑똑한 잡스가 우리에게 준 선물이기도 하다.

- 1. 지금 가장 급한 메일을 아주 짧게 써서 보내기 2. 노트북을 안전하게 종료하기 3. 과감하게 노트북 접고 가방 싸기 4. 큰소리로 인사하고 재빠르게 나오기 5. 오는 전화 사양하고 투표소로 달려가기. 그대들이 주인이 되는 정말 간단한 5단계

- 이기고 있다고 생각하나? 그럼 승리의 주역이 되는 아주 간단한 방법을 놓치지 마라. 달려라, 투표소로! 지고 있다고 생각하나? 그렇다면 생각할 틈이 있는가? 달려라! 빨리!

- 간만에 주어 목적어가 '나'가 아닌 기도를 드렸다. 이번 기도의 주어와 목적

어는 '투표'였다.

- 자, 진짜 승부는 이제 시작입니다. 그쵸? 맘만 먹으면 두 시간 동안 투표율 20%도 올릴 수 있습니다. 직딩들에게 달렸습니다. 이제 출격하시는 분들은 멘션 올려주세요!

- 한 시간에 10%씩이면 20% 가능…… 압승의 길이 되는 보람찬 퇴근길…… 숫자 들어갔다고 선관위가 ㅈㄹ대려나? 그래도 보람찬 퇴근길을 투표소에서!

- @yangcap 직원들 퇴근 독려하고 인증샷 받아라…….

- @CWOOsr 아침에 물어보니 다 했다더라. 일단 내 밑으론 다 훑었다.

그날 하루 종일 점심을 거르면서까지 지인들에게 투표독려 전화와 문자, 카카오톡, 메신저를 날렸다. 노트북을 열어놓고 SNS에 누군가에게 꼭 보았으면 하는 마음으로 댓글들을 올렸다. 사실 선거추이도 낙관하기 힘들게 진행되고 있었다. 50% 이상의 투표율이 나와야 승리가 가능하다는 얘기였는데, 아침 출근 시간의 반짝 투표율 이후에 계속 주춤대는 투표율 추이는 완만한 경사의 그래프를 보여주고 있었다. 지난 서울시장 지방선거에서의 한명숙 후보의 0.6% 차이 석패를 기억하고 있던 터라 매분 매초 애가 타들어갔다.

······
눈물이 납니다

투표 종료시간에 맞추어 시청 광장으로 향했다. 그간 고생한 일행들을 만나 이런저런 이야기를 하며 최종결과를 기다리고 있었다. '나꼼수' 3인방의 투표 인증 사인회를 열어서 그런지, 축제를 즐기기 위해서 그런지, 쌀쌀한 늦가을 날씨에도 불구하고 많은 시민들이 '광장'으로 모여들었다.

8시 시보를 대신한 투표 마감 카운트 다운이 시작되었다.

"3, 2, 1! 와 이겼다!"

각 방송사들은 카운트 다운이 끝나는 시점에 특별 편성한 개표방송을 통해 일제히 출구조사 결과를 발표했다. 모두 4~9%로 원순 씨의 승리를 예측했다. 해낸 것이다. 사실 투표시간이 끝날 무렵 모 인사로부터 대

략적인 방송 3사 출구조사 결과를 전해 들었지만 확정이 되기까지 안심
할 수 없었다.

최종 투표율 48.6%, 원순 씨는 그 중 53.40%(2,158,476표)를 획득해
46.21%(1,867,880표)의 한나라당 나경원 후보를 7.19% 앞서면서 서울시
장으로 당선이 확정되었다.

원순 씨가 광장에 나와 시민들을 만났다. 시민들의 축하를 받고, 시민
들에게 축하를 전해 주었다. 시민 모두가 시장이 되는 그런 순간이었다.

출구조사 발표 직후 지난 33일 간의 일들이 머리 속에서 파노라마처
럼 쭉 펼쳐졌다. 행복, 사랑, 열망, 분노, 시기, 질투, 오해, 이해, 양보, 배
려, 봉사, 나눔, 상식, 합리, 그리고 희망으로 이어진 지난날들이 잘 만들
어놓은 영상처럼 스쳐 지나가더니 갑자기 머리 속이 하얗게 방전되었다.
이 순간만큼은 복잡한 생각 없이, 내일에 대한 걱정 없이 즐기고 싶었던
것 같다. 눈물이 났다.

나중에 확인한 핸드폰에는 250여 통의 문자와 메신저가 도착해 있었
다. '축하'의 글부터 '감사'의 내용까지 다양했다. 이민을 위해 비행기를
타기 전에 투표를 했다고 문자를 보내 준 친구도 있었다. 놀라운 것은 떠
나온 후 나의 행보에 대해 일체의 반응이 없었던, 내가 내려놓고 온 그
세계의 동료들로부터 마음속으로 응원했다는 메시지가 많이 도착한 것.
의외였다. 전 직장 동료 중엔 경기도민임에도 불구하고 집 근처에서 개
표방송을 보며 술 한잔하다가 기쁨을 참지 못하고 택시를 타고 광장으로

달려온 사람들도 있었다. 그랬었다. 내가 나의 세대를, 나의 사람들을 오해하고 있었던 것이다.

"아, 내가 '내 세대를 잘못 생각하고 있었구나' 하는 생각이 들었어요. 아무것도 안 할 줄 알았거든요. 이전의 나처럼. 그런데 '고생한다'는 응원문자를 많이 받았어요. 각자의 자리는 달라도 다 통하고 있었던 거죠."

그날을 생각하면 가슴이 뜨거워지며 지금도 눈물이 난다.

사람만이 희망입니다

중학교 3학년, 아마도 도덕시간이었을 것이다.

선생은 '자유의지'라는 단어를 칠판에 적더니

이런 말을 들려주었다. "미래에 대한

믿음이 있는 자는 자기 삶을 지킬 수 있다."

— 정유정 소설 《7년의 밤》 중에서

원순이 서울의 기틀을 바로 세
겠습니다. 저는 예비후보로 등록한
후 서울시내 곳곳에서 시민들과
났습니다. 허심탄회하게 이야

니다. 시민의 음성에 시구 분은 다
지 않았습니다. 세상 밖으로 나가
열심히 일하고 싶은 청년의 꿈,
이만큼은 안심하고 맡기고 싶은
층의 꿈, 이런 소박한 꿈을 반드
실현시키겠습니다. 저의 비전과

누군가는 이 선거에 대해 MB정권에 대한 심판이라고 하고, 누군가는 새로운 정치세력의 등극이라고 하며, 누군가는 SNS 혁명이라고 말한다. 모두가 맞는 이야기일 수도 있겠다. 다만, 분명한 것은 '이전과 다른 무엇'이 작용했다는 점이다. 그 '무엇'이 새로운 도구가 되었든, 세력이 되었든, 담론이 되었든 무엇을 대입해도 상관없다. 너무 복잡하게 생각한다면 또 다시 선을 긋는 일이 될 수도 있다. 이전과 다른 무엇은 복잡한 이론으로 설명할 필요가 없다. 나는 그것을 '시민들의 자발적인 참여'였다고 생각한다.

2012년은 총선과 대선이 있는 '선거의 날'들로 꽉 채워질 것이 분명하다. 민주주의의 꽃이 되고, 유권자의 잔치가 되는 선거를 위해 우리는 지난 기록을 냉정하게 살펴보아야 한다. 그리고 부족함이 있었다면 채워 나가고, 넘치는 것은 덜어내는 마음의 자세가 필요할 것이다. 그런 의미에서 'Lessons Learned^(교훈을 얻음)'의 형식으로 아쉬움으로 남았던 것과 정말 아름다웠던 성공의 의미를 아주, 지극히 '개인적인 견해'로 남겨본다.

불편한 진실들

이번 승리의 원동력으로 2040 세대의 힘을 평가하는 '세대론'을 말하는 사람들이 많다. 조금 더 좁혀 본다면 20대와 30대의 자발적인 참여가 이번 선거의 판세를 결정지었다는 분석이다. 선거 결과 이 세대의 원순 씨 지지율이 80%에 육박했으니 분명 맞는 이야기이고 분석일 것이다. '안철수 돌풍', '조국 현상', '나꼼수 팬덤' 등이 모두 이 세대의 생산물이라고 한다.

그렇다면 선거과정에서, 그리고 정치참여 과정에서 이들을 위한 정치권과 선거캠프의 역할은 합격점이었을까? 나의 의견은 '아니다' 쪽이다.

다른 정당조직보다 젊은 사람들에 관심을 두고 관련한 정책논의가 활발했던 것은 사실이다. 또 캠프의 구성원이나 선대본의 구성원도 기존 '늙은 정당'보다 비교적 청년처럼 보였다. 하지만 그것은 '늙어버린' 기존 세력과 비교해서 그런 것이다. 선거국면 초기부터 청년들은 '내가 꿈꾸는 나라' 등의 시민정치 운동부터 시작해 정치참여를 위해 많은 준비를 하고 있었다. 그러나 선거기간 중에 그들에게 주어진 것은 '뒤처리'라 일컬어지는 자투리 일들과, 막판 실천주체들이 떨어져 나간 후 '땜빵' 식의 구원투수 역할뿐이었다.

20대 청년들이 캠프의 인테리어와 환경미화를 위해 재능과 시간을 기부했다. 그 결과가 바로 미디어에서 포커스를 맞췄던 열린캠프 '희망캠프'의 모습이었다. 그러나 이들의 수고는 뒤로 사라져 버렸고 캠프의 한 당직자가 자신의 공과로 후보와 미디어에 노출시켰다. 이들은 캠프 건물의 막힌 화장실을 직접 뚫는 등 험한 일도 마다하지 않았고, 투표참여 홍보를 위해 거리에서 '플래시몹'을 시연하기도 했으며, 선거유세 현장에 열렬한 관중으로도 항상 같이했다. 또 인터넷 TV의 방송 프로그램을 맡아 진행을 하는 등 멀티플레이어의 역할을 감당했다.

그런데 경청유세 '마실'의 현장에서 행사담당자에게, 지금보다 효율적인 진행을 위해 무엇이든 돕고 싶다고 의견을 전했으나 일언지하에 거절당하고 말았다. '팀'이 구성되어 있다는 것이 이유였다. '마실'이 성공하지 못한 원인이 무엇인지 짐작할 수 있는 대목이다. 또한 거리유세에 참여, 열과 성의를 다하던 '민주노동당 청년당원'들이 무대 뒤에서 밥도 못먹고 추위에 떨고 있을 때 물과 음식을 챙겨준 것은 그 모습을 보다 못한 시민들이었다.

20대 유권자가 700만인데 20대 국회의원이 한 명도 없는 정치, 20대를 위한 정책이 집행되지 않는 행정부, 20대의 열정이 '천덕꾸러기'로 바뀌는 선거캠프의 모습에서 희망을 찾기는 힘들다. 이들이 결국 이 나라의 내일을 이끌고 갈 '인재'들이기 때문이다.

언론에 왜 끌려만 다니는가?

앞서서 '미디어 프레임' 이야기를 했다. 그때에 더 노골적인 토론을 위해 페이스 북에서 다음과 같이 의제를 발제했다.

오늘 정말 대단했습니다. 꼭 이길 것 같네요. 하지만 마음놓기는 이릅니다. 저들에게는 '언론', '미디어'라는 막강한 병기가 아직 남아 있습니다. 조·중·동뿐 아닙니다. 예측 가능한 지상파 3사, YTN, MBN 모두 장악당하고 있습니다. 그뿐 아닙니다. 연합뉴스, 뉴시스, 머니투데이, 아시아경제 등등…… 통신사와 주변지도 다음과 같은 헤드를 동시에 뽑아냅니다.

"내가 떨어지면 안 원장도 타격."

이게 얼핏 보면 헷갈리는 이야기입니다. 도와달라고 떼 쓰는 것 같기도 하고, 안철수 지지세력에게 주춤거리게 하는 발언같이 보이기도 합니다. 하지만 이것은 오늘 오전 공무원노조 가족 걷기대회에서 원순 씨가 얘기한 내용을 앞뒤 통으로 편집한 결과입니다. 전체 문맥은 이렇습니다.

"안 원장과 나는 일심동체"라는 이야기와, "안 원장의 지원이 필요 없느냐?"라는 질문에 "그것은 오기"라며 "안 원장도 (선거지원 여부를) 고민할 것"이라는 말에 들어간 한 문장이었습니다. 반 한나라당이라는 대의를 같이하는 동지적 입장이고, 시장출마도 양보하고 전폭지지를 밝혔기 때문에 결과에 따른 영향이 없을 수 없다는 간곡한 표현이었습니다.

이는 매우 포괄적인 의미의 이야기를 입맛에 맞게 초점을 맞춰 마음대로 편집한 대표적인 예입니다.

이런 헤드라인이 나온 이유는 무엇일까요?

1. 우선 언론보도의 관례적 행태 때문입니다.

오늘은 토요일, 즉 언론사, 특히 지면지는 사실상 휴무일입니다. 선거라는 특수성이 있지만 이런 경우에도 큰 이벤트가 아닌 이상 '통신사' 기자들만 취재에 나서고 각 언론사들은 통신사의 기사를 주워먹습니다. 현재 주요 통신사는 '연합뉴스'와 '뉴시스'입니다.

2. 현재 언론사들의 출입기자들 수준 때문입니다.

거대 야당도 아닌 무소속 후보로 시작했기 때문에 언론사 출입기자들은 거의 '말진' 현장기자입니다. 2단 기사 정도도 자기 이름으로 내보내기 힘든 서열입니다. 이들이 심층적으로 기사를 써 가도 이미 데스크에서 프레임으로 재단이 끝난 상황일 것이고, 이 기자들의 경우 경험이 일천하기에 정무적 판단이나 기타 상황판단이 어려워 소위 말하는 기사의 '담합'이 이루어지기도 합니다. 데

스크의 질책이 두려운 나머지 출입기자는 관례적 약속으로 헤드는 물론 보디도 엇비슷하게 맞추어 작성합니다. 특종이 튀거나, 다른 관점으로 인한 질책을 줄이자는 오묘한 '동업자' 의식 때문입니다.

3. 선거캠프 본부의 언론통제의 미흡함 때문입니다.

여러 조직이 하나로 통합된 거대 선대위의 약점과, 선거 경험이 없는 후보 보좌진의 약점이 곱배기로 작용한 결과로 판단됩니다. 가까운 지인인 모 통신사 사진팀장이, 기자들의 친밀함이 높아질수록 위에서 말한 담합의 결과는 심해진다고 언질을 주었습니다. 심하게 말하면 현재 캠프는 기자를 신주단지 모시듯 합니다. 그 결과가 위와 같은 '헤드라인의 작렬'이라면 정말 어처구니 없는 일이 아닐 수 없습니다. 왜일까요? 단정짓기는 어렵지만 다음 선거를 대비하는 캠프 관련 담당자의 사심 가득한 접대행위라면……? 그럴 리 없겠지만 자꾸만 그런 의혹을 지우기 힘든 상황입니다.

- 이제는 캠프에 대고 소통하라고, 언론통제를 제대로 하라고 말하고 싶지 않습니다.
- 여러분께 흔들리지 말고 한 발 더 움직여 사실을 전파하고 알리자는 의미에서 이렇게 구차한 이야기를 늘어놓았습니다.
- 3일입니다. 적조해진 친구들에게 전화하고 설명하고 설득해야 합니다.
- 특히 이렇게 어처구니 없는 언론보도가 있다면 더욱 그렇게 해야 합니다.
- 그리고 이기고 나서 따져봅시다.

  * 참고로 언론통제를 제일 잘하는 분은 원순 씨입니다. 절대로 쓸데 없는 이야기는

하지 않는 것 같습니다. 그분의 진실이 오도되지 않게 하는 것도 지지자의 몫이라 생각되어 서투른 생각 올립니다.

이 나라의 언론이 워낙 갈팡질팡이어서 어떤 노력을 기울여도 제대로 된 보도가 나오기 힘들다는 현실은 인정한다. 하지만 그것은 어쩌면 좋은 핑곗거리에 불과한 건지도 모른다.

캠프의 언론매체 담당자는 '기자님'들 앞에서 지나치게 쩔쩔 매었다. 그리고 그 '기자님'들은 제대로 된 기사 한 줄 쓰지 않았다. 캠프의 당직자는 이들이 열심히 쓴다고 항변했다. 그러나 그들이 쓴 것은 결과적으로 '녹취록'이지 기사는 아니었다.

어떤 통신사 기자는 유세현장에서 캠프 수행차에 들어가 한가하게 낮잠을 즐기는 장면이 여러 번 목격되었다. 또한 이들은 '돈' 이야기를 스스럼없이 해댔다. 처음에 나를 동업자로 오해하고 경계를 하지 않았기 때문인지 모르겠다. 또한 상대적으로 지명도가 낮은 매체의 기자들을 따돌리고 무시하는 분위기는 정말 봐주기 힘들 정도였다.

우리는 이런 언론들을 경계해야 하며 진정으로 우리를 대변해 줄 독립매체와 대안매체를 발굴, 육성해야 한다. 앞으로 세상을 바꾸기 위해 정치를 하려는 사람들은 새로운 언론에 투자한다면 분명한 수익을 거두게 될 것이다.

완장과 명함

안국동에 위치한 '희망캠프'는 여느 정당조직 사무실과 달리 '열린 공간'으로 마련되었다. 파티션도 없고 회의실도 통유리로 만들었다. 그리고 출입에도 무척 자유스러운, 실제적으로 많은 사람들이 참여할 수 있는 공간으로 되어 있었다.

그러나 이 '희망캠프'에는 물리적 경계가 있었다. 입구에 마련된 접견실 형태의 좌석은 자원봉사자들의 공간으로 주로 활용되었고, 유리방을 기준으로 안쪽으로는 캠프 스태프진의 사무공간으로 사용되었다. 물론 이러한 구분이 필요하다고는 생각한다. 보안 문제나 일의 효율성을 봐서 그렇다. 하지만 이 물리적 경계는 더러 바람직하지 않은 결과를 낳았다. '완장'세력이 등장했고, '명함사건'이 발생했다.

'완장'은 사실 조금 유치한 사람들의 생색내기이다. 전화봉사나 기타 봉사를 위해 참여한 팬클럽 회원들이 불쾌감을 표출한 적이 있었다. 캠프의 한 스태프가 봉사자들에게 정도가 지나친 '독려'를 했는데, 그 내용이 여기에 밝히기 힘들 정도로 개념 없는 발언이었다. 기본적인 인성의 문제이기도 하지만, 선거당직자가 낸 선거후기 책자에 시민들의 자발적인 참여를 '궂은 일, 잡다한 일하러 모여든 자원봉사자'로 묘사하는 것을 보면, 그것이 꼭 개인만의 문제는 아니었다는 것을 알 수 있다. 개표방송 후 시청광장으로 찾아온 원순 씨를 맞으러 무대 뒤로 돌아갔다가, 유세 기간 중 한 번도 보지 못한 '선행팀'이라 주장하는 무리가 팬클럽 사람들을 심하게 제지한 사건도 웃지 못할 촌극이었다.

'명함사건'은 희망캠프의 공식명함과 관련된 것이다. 사실 명함이 일시적인 선거조직에서 필요할 수도 있고 아닐 수도 있다. 예를 들어 조직을 담당하거나 대외협력을 하는 사람들, 또는 공식선거운동원의 경우 명함은 필요하고 유용하다. 그러나 내근하는 스태프와 지역에서 이름만 걸친 사람들이 명함을 요구했고, 명함 제작기준에 대해 상당한 갈등이 있었다고 한다. 그리고 그렇게 제작된 명함은 내부 스태프들끼리 인사하는 데 나누어 사용하거나, 도서관 형식으로 운영된 열린 사무공간에서 자리를 맡아놓기 위해 책상에 붙여놓는 네임태그로 사용되었으니 얼마나 낭비였는지도 따져봐야 한다.

자신의 이름이 들어간 명함 한 장을 만들기 위해 자원봉사나 캠프의 일원으로 참여한 것처럼 보이는 사람도 있었다.

닫힌 마음, 전문가라는 착각과 비효율의 발생

희망캠프가 나중에 정당조직과 무지개연합의 형태로 굴러가기는 했지만, 초기부터 기본전략을 구성하고 기본적인 정책의 방향을 마련한 것은 원순 씨가 일구었던 시민사회단체의 힘이었다. 그간 힘든 일들을 겪으면서도 새로운 정치의 탄생을 위해 본업을 잠시 미루어두고, 혹은 생업을 접어두고 캠프로 와서 본인들의 재능을 기부했다. 존경스럽다. 그리고 찬사를 보낸다.

하지만 너무 바빠서 마음의 여유가 없었던 것인지, 마음을 열 생각이 없었던 것인지 일반 지지자들이나 시민들의 의견수렴에 매우 인색했다는 인상을 지우기 어렵다.

대표 사이트의 게시판은 물론 지지자들의 모임인 팬클럽이나 팬카페의 게시판을 꼼꼼하게 모니터링하는 사람이 없었다. 그리고 각계에서 전문가로 자리매김하고 있는 지지자들의 정책에 대한 의견은 "너무 의견이 많이 들어오고 바빠서 검토할 틈이 없다"는 답변으로 거절하기 일쑤였다. 그 말을 냉정하게 바꾸면 '외부의 의견은 필요없다'는 것이다.

원순 씨가 현장에서 열심히 경청하고 메모하면 무엇하겠는가? 그와 함께하는 캠프는 경청과 메모와는 거리가 먼 데다가 나오는 문건들은 전문성이 부족해 보였고 홍보물, 선전물, 인쇄물, 현수막 등등에 대한 개선 의견은 묵살되었다. 그저 얼마 안 남은 선거기간에 합심해야지 너무 비판만 하면 안 된다는 말만 되풀이할 뿐이었다.

개인적으로 마지막 즈음에 동행을 그만두려고 했던 것에는 그와 같은 이유도 있었다. 업무 담당자 개인에 대한 감정이 있거나 질타를 하는 것이 아니라 시스템과 프로세스의 문제인 것이다.

'소셜 4.0'의 아쉬움, 그리고 'SNS 혁명'의 허상

1.0 시대와 2.0시대가 가고 3.0시대를 맞은 지 얼마 안 되었다. 사실 3.0 시대에 본격 진입했는지도 의문이다. 웹 3.0, 디지털 3.0, 마켓 3.0,

세계화 3.0…… 하다 못해 야구 3.0, USB 3.0까지 버전 릴리스에 대한 변용이 장벽을 넘어 전 영역의 담론을 정리하고 있다.

버전이란 '판'의 바뀜을 나타낸다. 판이 바뀐다는 것은 시대가 바뀌고 세대가 바뀌는 것이다. 그렇다면 우리 시대의 담론이 4.0으로 돌입했는지 다시 생각해 볼 문제다. 개인적인 생각으로는 3.1 혹은 3.5 정도의 릴리스 시대라고 생각하기 때문이다. 3.0 시대 정신은 '가치주도' 시대를 상징한다. 더 낳은 세상을 지향하고, 새로운 기술이 나오고, 이성과 감성은 물론 영혼에 호소하며, 기능에 감성과 영성을 불어넣고, 영역간의 넘나듦이 있으며, 다 대 다로 소통하는 시대이다. 아직 완성된 시대는 아닌 것이다.

그건 아무래도 좋다. 한 가지 지적하고 싶은 것은 지금이 3.0시대인지 4.0시대인지를 떠나 '소셜 4.0'이라는 단어가 뉴미디어를 이용한 선거정보전달의 방해요소가 되었던 시기가 있었다는 점이다. 원순 씨의 '기호 10번'을 인식시키기 위해 한창 '10번 놀이' 등을 진행하는데 갑자기 '소셜 4.0'이라는 구호가 SNS에 등장했다. 너무 많은 숫자의 등장이 우리 후보의 기호 인지를 어렵게 했다는 지적도 있었다는 것을 간과해서는 안 된다.

이번 선거를 가히 'SNS의 혁명'이라고 말하는 사람과 언론이 있다. 현상으로는 맞는 이야기지만 현상만으로 선거 전체를 설명할 수는 없다. SNS의 정치적인 유용성은 '매체로서의 도구'의 유용성이다. 그 이상도 이하도 아니다. 자칫 SNS가 만든 시장, SNS가 일군 시민혁명이라고 한다면 '도구'가 시스템의 전부로 오도되는 우를 범할 수도 있다.

선거 후 한나라당의 분위기를 보라. SNS가 선거를 망친 주범인 것처럼 몰아가지 못해 안달이었다. 그들은 하나의 도구일 뿐이었던 SNS를 당락을 결정짓는 모든 것으로 오판하고 SNS에 재갈을 물리려고 했다. 이는 부메랑이 되어 자신들에게 비수로 돌아갔다.

선거 후에 한 지상파 방송 앵커가 "SNS에서는 삶의 이야기, 소소한 일상 등이 흐르는 것이 일반적인 일인데, 한국에서는 정치적 이슈로 함몰된다"고 말했다가 비웃음을 사기도 했다. 그러나 한편으로 생각하면 맞는 이야기이다. 언론이 언론으로서의 역할을 제대로 못하니 'OPM(One Person Media)'이라고 불리는 소셜네트워크 매체가 대중의 정치적 담론을 생산해 내는 것이다.

SNS 타령을 하기 전에 언론 바로세우기에 힘을 쏟아야 한다. SNS는 '미디어'이지 '콘텐츠'가 아니기 때문이다. 커뮤니케이션 도구는 효용이 높을수록 변질되기 쉽다. 특히 자본의 논리에 의해 변질되기 쉽다.

디지털 시대의 아이콘으로 추앙받는 안철수 원장이 왜 '편지'를 써서 원순 씨에게 주었는지 생각해 보았는가? 편지야말로 아날로그적인 것의 상징이 아닌가.

디지털 도구는 아무리 빠르고 편리해도 정보의 오용이 발생한다. 아날로그적인 편지는 다소 느리고 불편하지만 오해되거나 변질되지 않으며 사람의 마음을 움직인다. 통합 커뮤니케이션(Unified Communication) 3.0의 기본정신이 바로 그런 것이다. 기술을 활용하되 철학과 세계관 그리고 감성을 놓치지 않는 소통을 할 수 있는 세상, 바로 우리가 바라는 세상이다.

서울시장 보궐선거에서 SNS가 유용하고 시기적절한 '도구'로서의 역할을 해냈다는 것에는 이견이 없다. 하지만 그 역할은 정말 도구에서 그쳤다. 소셜 4.0이나 SNS의 혁명이 아니라 시민 한 사람 한 사람의 적극적인 참여와, 우리의 소중한 일상을 위임하는 '생활정치'가 승리를 이끌어낼 수 있었던 것이다.

기술과 도구는 세상에 이미 널려 있다. 그 기술적 도구를 '어떻게' 운영할 것인가가 문제이다. 문제의 해답은 '도구'가 아니라 '사람'에게 있다는 것을 명심해야 한다.

사람만이 희망입니다

이기긴 했지만 아쉬움이 많이 남는 선거였다. 아니 많을 수밖에 없는 선거였다. 원순 씨가 맨몸으로 정부여당에서 내보낸 나경원 후보와 싸워 이겼다. '비상식'의 세계와 맞서 싸워 이겼다. 처음부터 끝까지 네거티브 전략으로 상대후보를 인신공격하고 선거판을 진흙탕 싸움으로 만든 그들. 우리가 이렇게 기적과 같은 결과를 이루어낸 것은 '원칙과 상식'이라는 커다란 명제 아래 한마음으로 뭉쳤기 때문이다.

무엇보다 시민들을 비롯한 우리의 자발적인 참여와 지속적인 활동은 원순 씨의 성실함과 인간미에 기인한 것이었다. 그는 정치 혐오가 확산되어 투표를 포기하는 시민들을 끝까지 포기하지 않게 만들었다. 흙탕물 속에 자칫 묻혀버리기 쉬운 정책들을 시민들에게 특유의 화법으로 끝까지 설명했다. 여나 야나 똑같다며 정치인이라면 머리를 흔들던 사람들이 그의 앞에서 발길을 멈추었다. 더러워서 무조건 피한다면 이 세상을 바꿀 수 없다. 혹은 세상으로부터 자신을 지켜낼 수 없다.

우리는 이 선거에서 우리가 희망하는 것을 위해 참여한다면 그렇게 할 수 있다는 것을 배웠다.

생업인 택시운행을 중단하고 원순 씨 수행차량을 운전해 주신 시민, 그리고 자신의 사업을 뒤로 밀어놓고 수행진의 편의를 위해 하루 종일 핸들을 잡으신 또 다른 두 분이 세상을 바꾸었다.

모든 일정에 함께해 주시고, 미소와 엄지 손가락을 치켜든 사인으로 사람들을 격려해 주신 연로한 5인방 아버님들이 계셨다. 그분들이 이 세상에서 우리와 팬클럽을 지켜주셨다. 현장에서 항상 함께하는 것은 물론이고 바람개비도 직접 만드시고, 투표를 독려하는 피켓도 멋들어지게 만들어주신 좋은 시장학교 선배님들과, '원순 씨 원조 팬' 누님들도 항상 우리와 함께였다. 또한 고향에서 풀뿌리 지역 운동을 열심히 하시던 중 선거 소식을 듣고 캠프로 합류하여 온갖 궂은 일을 다하고 다시 고향으로 가신 분들도 잊을 수 없다.

야간 업무를 마치고 아침이면 달려나와 사진을 촬영하고 율동을 같이 하며 갑작스레 달려든 취객을 막아내던 형님도 늘 함께였다. 말 한 마디 못하지만 듬직한 자태로 선거운동에 열심이었던 삽살개 '본때'도 우리와 함께였고, 캠프에서 수시로 나오는 컵들을 씻어 내오시고, 새벽에 몰래 들어가 청소를 하고 나오시는 팬클럽 회원분들도 함께였다. 열세지역인 강남에서 게릴라 콘서트를 멋지게 해내신 열혈지지자 분도 항상 우리와 함께였다. 그 뿐인가! 어느 유세장에서 내 손을 잡고 "꼭 투표해야 해. 10번을 찍어야 해. 그래야 세상이 바뀌어"라고 말씀해 주시던 할머니도 마음속에 항상 남아 있다.

원순 씨의 유세장에서 희망으로 만난 우리들은 고향도 직업도 사는 형편도 다 달랐지만 마음속 바람은 한 가지였다. 그저 얼굴만 봐도 좋았다. 바라보고 있으면 가슴이 뭉클해지고 힘이 솟았다. 원순 씨를 중심으로 모여 함께 울고 웃었던 지난날들. 〈지난날의 꿈이 나를 밀어간다〉라는 제목의 시집도 있지 않은가.

'박원순과 함께 꿈꾸는 서울'이라는 팬카페의 운영은 기존의 지지모임과는 달랐다. 특정 정치인의 지지모임은 세를 의식하여 회원 숫자에 민감할 뿐만 아니라 대표의 역할을 하려는 사람들이 많다. 하지만 '박꿈'의 운영체계는 '운영회의'라는 열린 '회의체'만 존재할 뿐 직책이나 직무에 따른 완장을 제거했고, 지금까지도 이 체제로 운영되고 있다. 한 사람 한 사람이 주인이었던 '박꿈'이 새로운 형태의 조직운영의 전형이 될 것임을 믿어 의심치 않는다.

무엇보다 우리가 가장 크게 남기고 가는 것은 역시 '사람'이다. 모든 정치행위의 목표지향점은 '사람'이 되어야 한다. 그 '사람'이 주체가 되어 모든 일들의 주인이 되어야 한다. 우리는 그 '사람'의 모습으로 이번 선거를 치러냈다. 어느 한 정치세력도 아니고, 이념도 아니며, 돈도 명예도 아닌 나 한 사람 한 사람의, '사람'의 모습이 오롯이 전달되는 정치를 이루어냈다. 그리고 그것은 내일의 희망을 현실에 구현하는 밑거름이 되었다.

다시 풀이되어
또 다른 나비를 기다리다

2011년 11월 16일 오전 11시, 제35대 서울시장 박원순의 '온라인 취임식'이 있었다. 아마 국내는 물론 세계최초의 온라인 취임식이 아닌가 싶다. 참신했다. 그리고 뿌듯했다. 역시 내 손으로 뽑은 나의 시장님이었다.

무상급식을 바로 시행하게 하고, 서울시 산하 비정규직에 대한 정규직 전환을 검토·실천토록 지시했으며, 서울시립대의 등록금을 반으로 낮추었다. 예산안 발표를 직접 프레젠테이션하며 알기 쉽게 시정을 설명했다. 그뿐인가! 새벽의 요식적인 간담회 대신 직접 환경미화원과 동행 청소를 하고, 그간 보안을 이유로 꼭 잠가두었던 시장실을 시민에게 공개했다. 또 시정 결재란에 '시민시장' 란을 만들어 항상 시민을 생각하며 업무를 진행하겠다고 밝혔다.

그런 것들이 내게는 전혀 놀라운 일이 아니다. 왜? 원순 씨니까!

"이제 뭐할 거예요?"

많은 사람들이 나의 다음 일들을 궁금해 한다. 사실 나도 무척 궁금하다. 아직은 그저 궁금할 뿐이다. 이것이 나의 유일한 대답이다.

선거기간 동안 내게 삶의 전환점을 준 나의 시장님 원순 씨께 감사와 존경을 보내드린다. 그리고 이름을 일일이 거론하기도 힘든, 항상 곁을 지켜준 팬클럽 '박원순과 함께 꿈꾸는 서울' 회원들과 거리에서 함께 만난 지지자, 시민 여러분께 감사의 마음을 전하고 싶다. 이 변화의 실세인 희망나무 여러분도 가슴에 영원히 담아둘 것이며, 만 나이로 억지로 끼워 준 우리의 보물 '2030 순깔대기 청년들'의 성장도 지켜볼 것이다.

나의 소모적인, 그러나 그 어떤 것보다도 생산적이었던 활동을 묵묵히 지지해 준 사랑하는 엘리와 시우, 그리고 가족들, 가족과 같은 친구들도 무척 고맙다. 또 나의 부족한 인내와 지구력에 에너지를 대신 채워주고, 옆에서 항상 기댈 곳이 되어준 '체게바라' 영준 형님과 '권사아들' 용찬 형님, 그리고 '짝퉁 주진우' 원석 씨에게 말로는 부족한 감사를 드린다. 덕분에 이렇게 후기까지 쓰게 되었다. 후기를 기록하는 중에 계속 응원을 보내 준 '뉴미디어팀의 실세' 호진 씨에게도 감사 드린다.

무엇보다 성질 내며 중간에 때려치지 않고 끝까지 해준 나에게 고맙다고 말하고 싶다. 그리고 거짓이 아닌 진짜 내 모습을 찾을 수 있는 용기를 준 이 시대에도 감사하고 싶다.

정치보다 일상은 복잡하다. 정치보다 일상은 구체적이다. 정치보다 일상은 고귀하다. 그 일상이 정치로 수렴되길 바란다. 어찌 되었든지 살림살이는 버겁다.

2012년 3월

서울 시민 박철웅

작은 풀씨들의 유쾌한 반란

원순 씨를 부.탁.해

초판1쇄 발행 2012년 3월 5일

펴낸이 정광진
지은이 박철웅
펴낸곳 (주)봄풀출판

인쇄 예림 · 제책 바다

신고번호 제406-2010-000089호
신고년월일 2009년 1월 6일

주소 413-756 경기도 파주시 교하읍 문발로 115 세종출판벤처타운 304호
전화 031-955-5071
팩스 031-955-5073
이메일 spring_grass@nate.com

ISBN 978-89-93677-44-7 03340

책값은 뒤표지에 있습니다.
잘못된 책은 바꾸어 드립니다.